De l’autre côté de l’eau

Dominique de La Motte

De l'autre côté de l'eau

(Indochine, 1950-1952)

Édition établie par Stéphane Audoin-Rouzeau

TALLANDIER

Éditions Tallandier – 2, rue Rotrou, 75006 Paris
www.tallandier.com

« Pourquoi me tuez-vous ? – Eh quoi ! Ne demeurez-vous pas de l’autre côté de l’eau ? Mon ami, si vous demeuriez de ce côté, je serais un assassin, et cela serait injuste de vous tuer de la sorte ; mais, puisque vous demeurez de l’autre côté, je suis un brave et cela est juste. »

Pascal

Pensées V, 293

Sommaire

Préface

par Stéphane Audoin-Rouzeau

Surplombée de trop haut par la grande tragédie de Điện Biên Phú, recouverte ensuite par le conflit algérien, la guerre d'Indochine est une guerre oubliée. Par la force de son récit, Dominique de La Motte nous la jette au visage.

L'auteur de *De l'autre côté de l'eau*, issu de Saint-Cyr (promotion 1945-1947), sorti dans la cavalerie et affecté au 501ᵉ régiment de chars, avait dès 1949 rejoint l'Indochine, où il effectua deux séjours avant 1955. Mais ce sont les années 1950-1952 dont il est question ici.

En décembre 1950, en effet, le général de Lattre atterrit à Saigon avec pour mission de restaurer sur place une situation militaire très dégradée au nord du pays, où, depuis l'année 1949 et grâce à l'aide massive de la Chine désormais communiste, le Viêt-minh a accompli d'immenses progrès militaires, infligeant au Tonkin de graves échecs et de lourdes pertes au corps expéditionnaire français. Au sud, en revanche, en Cochinchine, la situation est bien plus favorable, au point que la pacification y paraît en bonne voie. C'est là que de Lattre, lors de l'une de ses visites sur le terrain, prescrit la mise sur pied de deux commandos de partisans au colonel du régiment auquel appartenait Dominique de La Motte. Le jeune lieutenant, jugé de toute façon « incommandable » par son chef de corps [1], se porte alors volontaire pour l'un des deux. Le 23 février 1951, il prend donc la direction du commando 12, à Cau-Khoi (Cầu Khởi). Il le quittera le 6 juin 1952.

Saigon se situe à une centaine de kilomètres au sud-est. La ville de Tay-Ninh (Tây Ninh), berceau du caodaïsme vietnamien – la montagne du même nom, toute proche, domine le paysage – est distante d'une quinzaine de kilomètres. Cau-Khoi est adossé à une plantation d'hévéas de 700 hectares disposant de ses propres partisans, et dont le directeur finance

1. L'auteur de ces lignes remercie le général de La Motte de lui avoir confié des documents permettant d'écrire cette préface, et notamment trois albums de photographies commentées. Il le remercie aussi de sa confiance, tout simplement. Ma gratitude va également à l'historien Guillaume Cuchet, qui m'a fait connaître ce texte, dont il avait perçu toute la valeur.

le logement et les travaux de protection du poste français. Le commando compte 130 hommes, Annamites de Cochinchine et surtout Khmers de la plaine des Joncs, ou du Cambodge.

Avec eux, le jeune lieutenant de 26 ans est roi de guerre. Très vite il le sait, et s'il l'oubliait, ses partisans se chargeraient de le lui rappeler. C'est lui qui trace la ligne entre le licite et l'illicite, car toute autorité émane de sa personne. C'est lui qui préside aux mariages et règle les séparations. Il arbitre aussi les conflits, nombreux, parfois violents. Il assiste aux fêtes. Il décide des uniformes et dessine même l'insigne de son unité. Sauf irruption intempestive de sa hiérarchie, sauf intégration à une grande opération conjointe, sa canne à la main, il est seul, ou peu s'en faut.

Avec ses partisans, il mène la « guerre des postes », caractéristique du conflit indochinois. Une guerre faite de longues patrouilles sans cesse recommencées, de jour comme de nuit, d'embuscades généralement manquées, de villages brûlés, de contrôle des populations, de recherche du renseignement, de saisies de butin aussi. Une guerre qu'avec des moyens militaires dérisoires il fait *vraiment*, parce qu'il veut la faire. Alors que les partisans de la plantation sont destinés à la protection rapprochée, lui décide de combattre plus loin, dans une « petite guerre » infiniment dangereuse, traîtresse – le Viet-minh infiltre évidemment le commando, et les caodaïstes voisins sont loin d'être des alliés sûrs –, épuisante pour les corps dans un milieu naturel aussi hostile.

Du côté des âmes, autre chose se joue, sans doute. Car il y a la fascination de la guerre ; il y a la liberté de la guerre. Cette guerre que le lieutenant instille dans un espace dont la base ne compte qu'une trentaine de kilomètres, mais qui vers le nord est sans limite : après la zone interdite se présente un affluent de la rivière de Saigon, le rach Tây Ninh[2] ; voici l'eau, l'eau enfin traversée – on ne sait à quelle date exactement – pour un jour atteindre l'ennemi. Pour tuer un autre roi de guerre.

Ce petit texte n'est pas un carnet rédigé dans l'instant. Il fut écrit près de quarante ans après la fin de la guerre d'Indochine, à l'issue d'une longue carrière militaire[3]. On hésite à dire qu'il s'agit d'un

2. Celui-ci est noté sous le nom de « Sanh Doi » sur la carte dessinée de la main même de Dominique de La Motte.

3. Instructeur à l'École d'application de l'arme blindée de

« témoignage » ou de « souvenirs de guerre », tant les lignes que l'on va découvrir sont à la fois cela et bien plus que cela. Une chose est sûre, en tout cas : l'acier dont elles sont faites coupe comme une lame.

Saumur de 1956 à 1959, Dominique de La Motte commande un escadron à pied dans le Constantinois entre 1959 et 1962. Admis à l'École de guerre en 1964, il commande le 12e régiment de cuirassiers de 1968 à 1970. De 1979 à 1981, il dirige l'École d'application de l'arme blindée-cavalerie de Saumur. Adjoint du général commandant la 1re armée à Strasbourg en 1981-1982, il est placé à la tête de la IVe région militaire de 1982 à 1985, avant de passer à cette date dans la deuxième section des officiers généraux.

1.
Les partisans

Tout soldat garde en mémoire un souvenir marquant qui estompe les autres. La poursuite acharnée, pendant un an et demi, de ceux qui sont « de l'autre côté de l'eau » est pour moi ce souvenir. Cette obscure période sans gloire m'a été si intensément aurore et crépuscule que je m'en souviens sans effort quarante ans après. Ces notes peu ordonnées n'ajouteront rien à la compréhension de la guerre d'Indochine, histoire à jamais ignorée des Français. Ce sont seulement des réminiscences affleurant à la mémoire, comme luit à la surface d'un étang le dos argenté d'un poisson, avant de disparaître à nouveau dans une eau sombre et mystérieuse.

Aucun fait n'est inventé ni, je l'espère, involontairement embelli. Simplement, un homme âgé regarde vivre un jeune officier sans le juger, ni en bien, ni en mal. Dieu seul est juge.

J'aurais pu aussi bien choisir pour titre *L'Homme qui voulut être roi*, mais Kipling y a pensé avant moi.

Et puis ce serait fausser la vérité : je n'ai jamais voulu être roi, je l'ai été, non par la volonté de la République ou de mes supérieurs, non plus que par la mienne, mais par celle des hommes que je commandais, mes partisans*[1].

Dans le suffrage populaire réside d'ailleurs l'origine de toute royauté. Ce sera donc d'eux, les partisans, que je parlerai d'abord. Ils sont les seuls héros de cette histoire.

J'aimerais dire plutôt, si le terme n'avait pris un tour péjoratif, les *nha-qués*, les paysans, car mes soldats étaient tous paysans. Il y avait à l'époque, et j'espère qu'il y en a encore, de nombreux Cochinchinois d'une culture raffinée. Je n'en ai pas fréquenté, perdu dans la nature avec mes hommes. Ils étaient, pour la plupart, à peu près incultes, pauvres, au point de venir chez moi pour ne pas mourir de faim, mais intelligents, fins et gais. Je n'ai jamais parlé leur langue, ni compris leur comportement tour à tour humble ou sauvage, mais j'étais heureux avec eux et ne m'ennuyais jamais.

1. Les mots et noms suivis d'un astérisque renvoient, en fin de volume, aux notices établies par Stéphane Audoin-Rouzeau.

Quand j'ai pris mon nouveau poste*, je ne me suis d'abord posé qu'une question très naïve : suis-je capable de marcher pendant des heures et des heures ? J'ai compris bientôt avec fierté que oui, je l'étais. Depuis, j'ai découvert que chacun l'est à sa manière et que beaucoup se gardent d'essayer.

Mais « comment commander des Jaunes », je ne m'étais pas inquiété de ce problème et personne ne me l'avait expliqué. J'en suis heureux, d'ailleurs : on m'aurait, à coup sûr, dit des bêtises. Mon mentor a été un très vieux Chinois, l'adjudant Niem, retraité de la coloniale. Il était un peu gâteux, malin et plus raciste qu'il n'est possible. Sa hiérarchie des races n'était pas celle du comte de Gobineau. Il y avait, au-dessus de tout, les Chinois. Et puis, bien plus bas, les Blancs, les Tonkinois, les Annamites, les Cochinchinois, enfin les Khmers du Cambodge, sous-race parfaitement méprisable. Mon commando présentait la particularité d'être composé pour un tiers d'Annamites de Cochinchine et pour deux tiers de Khmers provenant les uns de la plaine des Joncs, en Cochinchine, les autres du royaume du Cambodge. Le mélange était détonant, surtout quand j'y ai ajouté un Tonkinois assez redoutable.

C'est Niem qui m'a sacré roi. J'avais pris mes fonctions avec une grande modestie, décidé seulement d'obtenir coûte que coûte que mes hommes tirent vite, bien et à bon escient. Au bout de quelques jours, un Cambodgien est venu me demander l'autorisation de se marier. À Niem, qui traduisait, j'ai déclaré que cela ne me regardait pas. Alors, il m'a fait un long discours pour m'expliquer que mes soldats n'avaient plus ni Dieu, ni patrie, ni famille, ni chef de village, pas même le tombeau de leurs ancêtres, et que j'étais dans l'obligation de tenir lieu de tout cela à la fois, mon autorité en dépendait.

Niem ne me servait à rien sur le plan du renseignement. Durant les interrogatoires, il ne traduisait pas, il brodait à sa guise. Les basses besognes ne l'intéressaient pas. Il était le Premier ministre et le mentor du roi, c'était bien plus important pour lui. Peut-être avait-il raison. Les hommes le respectaient parce qu'il était vieux et s'en méfiaient parce qu'il était Chinois ; ils le craignaient comme l'interlocuteur unique et obligé entre eux et moi.

Très vite, j'ai compris que je ne pouvais me contenter de ses seuls conseils, même s'ils étaient souvent sages. J'ai hissé au rang d'interprète en second Dan Song, jeune garçon déluré qui parlait à la perfection un français argotique, naïf et effronté. Jouant le fou du roi, il se permettait de me dire bien des choses que la politesse chinoise de Niem l'obligeait à me cacher.

Cela ne résolvait en rien le problème du renseignement. Le directeur de la plantation où nous étions hébergés m'a alors proposé un marché : il était lié avec nombre de puissants personnages à Saigon. Il m'a indiqué un Tonkinois, agent assez important des services secrets français, qui cherchait à se mettre au vert parce qu'il était brûlé et activement recherché des services viet-minhs. Tran Ha Tai avait un lourd passé : apprenti maître d'hôtel dans la marine française, puis agent viet-minh, on lui prêtait généreusement l'assassinat d'une trentaine d'Européens. Ses prétentions étaient exorbitantes : trois mille piastres* par mois, plus de dix fois la solde d'un partisan. Je ne pouvais débourser cette somme, du moins à l'époque, mais le planteur s'engageait à en payer la moitié.

Je décidai de tenter l'expérience, à bien des titres risquée parce que l'homme pouvait ne pas tenir les promesses de sa réputation ou les trop bien tenir en se montrant un redoutable tueur. Introniser un Tonkinois au milieu des Cochinchinois constituait en outre une provocation dont j'avais conscience. Et Niem y verrait sans doute une intolérable perte de prestige. Mais j'avais désespérément besoin de renseignements et c'était aussi une façon d'indiquer que j'étais le seul maître.

Tran Ha Tai arriva un soir de Saigon avec le camion de la plantation. Il ressemblait vaguement à Buster Keaton en plus dur et ne portait pas d'âge.

Je suppose qu'il avait environ trente-cinq ans. Fort peu bavard, il se mit sans tarder à son travail de fourmi. Il dépendait de moi et de nul autre.

Le quatrième personnage qui constituait ma « cour » était mon ordonnance, Dan Thiep. Il avait été choisi par Niem. C'était un Cambodgien de la plaine des Joncs, toujours souriant, râblé, d'une force étonnante, calme et silencieux. Vis-à-vis de moi, il s'est comporté dès l'abord comme le plus fidèle et le plus inconditionnel des serviteurs. Il était plus attentionné, s'il est possible, que le Marocain que je venais d'abandonner, mes chemises étaient repassées comme à Londres. Il a mis quinze jours à m'adresser un mot en français et plus d'un mois pour dire une phrase entière. Il comprenait tout ce que je lui disais.

Peu à peu, j'ai découvert qu'il possédait de rares vertus. Enfant, il avait été bonze et pratiquait une ascèse, restée mystérieuse pour moi, qui lui conférait un équilibre étonnant. Malgré sa jeunesse, il avait sur ses camarades un ascendant certain. Ils le considéraient comme un seigneur. Comme je doublais à peu près sa solde sur mes fonds personnels, il ne s'abaissait à aucune vile besogne, sinon pour me servir directement. Il avait lui-même un boy.

En opération, il marchait derrière moi, et rapidement je lui ai confié ma carabine : je tirais bien, mais lui, mieux encore. Au cours des accrochages, il passait silencieusement devant moi pour me couvrir. Le jour où j'ai été blessé, il n'était pas là, au lit avec une crise de paludisme. Je crois que nous étions l'un et l'autre persuadés qu'en sa présence je ne risquais rien.

Sans carte, en forêt, je me perdais souvent. J'ai fini par découvrir qu'il suffisait de lui dire : « on rentre », et il partait comme un pigeon voyageur et nous ramenait à bon port. En opération, il emportait de la nourriture pour lui et pour moi. C'était parfois délicieux, parfois moins. J'ai toujours mangé sans rechigner, de peur de lui faire de la peine. De toute manière, j'avais les poches remplies de petites crevettes de rizière séchées et fumées. Elles suffisaient à calmer ma modeste faim.

Tels sont les hommes qui m'entourent directement et qui ont, dans l'exercice de mon commandement, autant d'importance que les quatre sous-officiers français qui m'assistent pour la partie strictement militaire. Lorsque j'arrive, avec ces sous-officiers aussi inexpérimentés que moi, le commando n'est ni très ancien ni très aguerri. Il a été formé, et fort bien commandé, par un camarade de promotion, qui doit le quitter le cœur gros.

Sur le plan de l'efficacité guerrière, le classement raciste de mon adjudant chinois se révèle globalement exact : les Cochinchinois de race annamite sont les meilleurs soldats. Quelques-uns viennent du Viet-minh, des sectes Hoa Hao* ou Binh Xuyen*, ou plus simplement de petites bandes de bandits qui courent la plaine des Joncs. Je ne crois pas qu'il y ait de transfuge caodaïste*, peut-être par peur des représailles. Tous sont vifs, retors, intelligents, ils affichent un athéisme tranquille et un hédonisme joyeux. À l'opposé, les Khmers, venus du royaume du Cambodge, sont très jeunes, faméliques, sans expérience de la guerre, naïfs, humbles et bouddhistes plus ou moins convaincus. Leurs caractères sont plus faciles à cerner que ceux des Annamites, leurs contradictions d'une seule pièce : gais, durs au mal, disciplinés, ils rient beaucoup, sont toujours contents et ne demandent qu'à être commandés. Ils aiment leur femme et leurs enfants, qui sont choyés et libres de faire ce qui leur plaît. Ils affichent aussi un incroyable mépris de la vie humaine : pour eux, tuer un homme ou un poulet est à peu près la même chose, et tuer, en opération, une femme enceinte, c'est se débarrasser à bon compte d'un petit Viet-minh. Ils ont été affligés quand je leur ai annoncé que je punissais de mort sans délai l'assassinat d'une femme, le viol et aussi la consommation du foie chaud des guerriers vaincus. Je pense qu'ils m'ont obéi, car je finissais par savoir beaucoup de choses. Outre les Annamites et les Khmers, la majorité du commando est constituée de

Cambodgiens de la plaine des Joncs, fortement métissés. Ce sont ceux que je préfère et en qui j'ai le plus confiance : ils sont moins retors que les premiers et d'une simplicité moins féroce que les seconds.

Tous ont le droit de me quitter du jour au lendemain, sur un coup de tête, pour une vexation ou une fille qui leur plaît ailleurs. Je n'ai pas grand mal à combler les vides : en toute illégalité, j'envoie au Cambodge un camion avec un sous-officier français et deux ou trois sergents recruteurs qui écument leur région d'origine. Une fois, au lieu des quatre ou cinq dont j'ai besoin, ils me ramènent une douzaine de candidats. La plupart sont de beaux gaillards, trois ou quatre sont de misérables petits spécimens sous-alimentés, ayant sûrement moins que les dix-huit ans qu'ils annoncent. Je n'ai pas le cœur de les renvoyer. Pendant trois ou quatre mois, le commando est en surnombre et, comme la caisse noire est vide, ma solde passe à les payer. Plus tard, la caisse ne sera plus jamais vide. Très rapidement, ceux que j'ai embauchés par pitié grandissent de quelques centimètres et prennent dix kilos de muscles, malgré ou à cause des marches forcées qui sont leur lot. Quand le commando est bien assis, le recrutement se fait tout seul : de solides gaillards expérimentés se présentent, je ne fouille pas trop leur passé.

Cependant, le temps que je prends à former les nouveaux est perdu s'ils partent trop vite. Pour les garder, j'utilise des ruses diverses. D'abord, le bon vieil esprit de corps. J'invente un uniforme bien à eux et un insigne ruineux, commandé à un fabricant parisien huppé. Noir et or, il représente un dragon stylisé, fruit d'une nuit d'insomnie. Le fabricant me le fait payer cher, mais l'a si bien doré que les Chinois du coin le prennent en gage à un prix astronomique. Ensuite, je marie mes hommes dès qu'ils ont quatre sous. Leurs femmes, les *congaïs*, me posent souvent des problèmes, mais elles leur mettent un peu de plomb dans la tête. Et puis je découvre le moyen le plus efficace : je leur prête de l'argent. Petit à petit, la plupart me doivent à peu près une solde. Je prête sans intérêt, attitude extravagante dans un pays où un taux de dix pour cent par mois n'est pas vraiment usuraire. Quand ils viennent m'annoncer que, décidément, je suis trop dur, qu'ils vont ailleurs, je leur demande de me rembourser leur dette. Presque toujours, ils déclarent qu'ils ne peuvent pas et ils restent : ils sont scrupuleusement honnêtes.

Ils sont toujours à court d'argent, à cause de leur amour immodéré du jeu. Le jeu est ici formellement interdit, parce qu'il conduit à se ruiner et à s'entretuer. Ils jouent clandestinement, et durant mes nuits d'insomnie, je rôde dans leur quartier. J'ai le droit d'entrer dans n'importe quelle maison, qui jamais ne doit être fermée, sinon j'enfonce la porte. D'ailleurs, la plupart du temps, il y a une natte, pas de porte. Si je vois, à deux heures du matin, une lumière tremblotante, j'entre et je trouve, bien souvent, huit à dix joueurs, jamais de femme, accroupis autour de ce qui sert de tapis de jeu. Il y a pas mal d'argent dessus. En silence, je le rafle et je fais signe qu'il faut aller faire dodo. Il n'y a aucune protestation : le zéro est sorti à la roulette. Quelquefois, je suis plus brutal, cela aussi fait partie des règles.

Pendant les trois jours du Têt, le jour de l'an vietnamien, le jeu est autorisé. Ces trois jours-là sont un déchaînement, un Mardi gras allemand en moins bruyant mais encore plus libre. Je les regarde jouer, je n'y comprends rien. Un caporal se lève, écœuré, ratissé dès le premier jour. Je fais un marché avec lui, par pitié, et pour voir. Qu'il reprenne sa place, je le garantis, à concurrence de trois ou quatre soldes. Il est entendu que je prends les pertes à mon compte et lui me rétrocédera la moitié des gains. Deux heures après, il me remet une belle somme : la loi immorale du jeu est que le plus riche gagne. Si j'avais monté un tripot, j'aurais peut-être fini un couteau dans le dos, mais riche.

Ils ont aussi des distractions plus relevées. Un jour, Niem vient m'inviter à une séance de théâtre chinois. Je suis incapable de parler savamment de ce genre de spectacle, mais je sais qu'il comporte une foule de conventions, de règles immuables, de costumes somptueux et de gestes aux significations précises. La séance dure deux ou trois heures, je ne sais plus. Quand on ne comprend pas un traître mot de la langue, c'est un peu long. Après avoir admiré la somptuosité des costumes pourtant improvisés, le jeu fin et hiératique, je cherche à deviner le nom des acteurs, malgré leur masque ou leur grimage très appuyé. Je demande à Niem qui est cette fille qui joue si bien, elle est ravissante sous son maquillage savant. Il me regarde avec quelque inquiétude : c'est le tireur au fusil-mitrailleur de la troisième section. J'avais oublié qu'il n'y a pas d'acteur féminin dans le théâtre chinois.

Ce spectacle raffiné, plein d'allusions à des traditions millénaires, joué par des paysans déracinés, témoigne d'une civilisation mystérieusement transmise. Devant ces jeunes *nha-qués* à la parfaite candeur, nos bons philosophes rousseauistes s'attendriraient, émus par un hédonisme naturel que n'entraverait pas notre morale corruptrice. En fait, ce ne sont nullement de bons sauvages, mais les héritiers, quelque peu abâtardis, d'une très ancienne civilisation, beaucoup plus ancienne que la nôtre. Ils ne sont pas à l'aube de l'humanité, ils en ont atteint le stade ultime, décrit par Huxley dans *Le Meilleur des mondes*, délicieux et désespéré. Là réside pour moi la plus subtile tentation : ils veulent un grand frère, ce genre de société l'exige, et ils ne fixent pas, semble-t-il, de limites à mes pouvoirs ou à ma fantaisie. Je dois donc trouver seul ces limites, nullement aidé par mes supérieurs que mon problème n'effleure pas, ni par mes sous-officiers, trop frustes ou trop jeunes. Je n'en parle qu'avec un camarade de promotion, que je vois assez souvent. Nous sommes voisins, ses fonctions sont similaires aux miennes, il a une rigueur morale que j'admire et beaucoup de bon sens. La bonne vieille morale bourgeoise, que je tente de respecter sans en écraser les autres. De mes parents, j'ai reçu une éducation et des traditions dont je profite comme je peux. De l'armée, une formation militaire assez mal adaptée à la guerre que je dois mener, mais des règles d'éthique bien définies : le chef sert ses hommes au lieu de se servir lui-même. À l'époque, je ne formule pas cette belle théorie, mais je cherche à l'appliquer tant bien que mal. Petit à petit, mes *nha-qués* s'en rendent compte. Leur admiration baisse d'un cran : je ne suis pas le seigneur de la guerre qu'ils avaient cru trouver. Mais puisque j'assure l'ordre et la justice – je veux dire mon ordre et ma justice – et que je semble même avoir de l'affection pour eux, ils se contenteront de moi.

Le rythme de la vie est simple. Les opérations prennent le tiers ou la moitié du temps. Le reste est occupé à l'entretien des armes, au renforcement des défenses, aux patrouilles de sécurité, au sport, essentiellement le volley-ball, et au tir. Le tir est mon obsession. Je veux qu'ils atteignent du premier coup, à cent mètres, un rondin de bois de vingt centimètres de diamètre. Ça ne va pas sans mal. Un jour, exaspéré, je leur dis que je vais leur montrer, je prends un fusil, n'importe lequel, et je tire, un seul coup, le rondin tombe. J'en reste prudemment à cette démonstration. Ils ont fini par faire des progrès.

Les opérations sont courtes, commencent en général au milieu de la nuit, et le retour a lieu le lendemain ou le surlendemain soir, suivant un rituel qui ne varie guère. Aussitôt réhydratés, les hommes s'effondrent sur leur lit de bambou et s'endorment du sommeil du juste. Moi, je vais régler les problèmes qui se sont accumulés, visite les éventuels prisonniers confiés au sergent Tai et discute avec le planteur, aux humeurs changeantes, puis avec mes sous-officiers, qui se refont une santé à la bière. Avant d'aller, enfin, me coucher, je passe par les cases des partisans. Ils sont déjà réveillés, ils mangent, discutent et font la fête, sans bruit, jusque tard dans la nuit. Moi, je vais courir après le sommeil, qui fuit chaque nuit un peu plus.

2.
L’autorité

Il serait agréable d’écrire que je n’ai connu que de grands chefs.

La réalité est plus nuancée. Mais, pour commencer, un souvenir inoubliable, à la genèse de cette histoire. Le général de Lattre* vient voir le régiment. Tous les officiers sont rassemblés, le colonel explique d’un ton lugubre qu’il manque de cadres, d’hommes et que la situation est dramatique. Dans mon coin, je suis furieux parce que j’ai d’excellents cadres, pour soldats de solides Marocains mieux aguerris que moi, et pratiquement rien à faire, en tout cas rien d’intéressant.

Il y a un auditeur qui explose à ma place, c’est de Lattre. Il réfute les chiffres un par un, il donne les vrais. Il n’a pas de papier, il sait retenir par cœur une fiche d’état-major. Il donne sèchement ses ordres : « D’ici quinze jours, vous aurez encadré deux commandos de partisans*, en attendant mieux. Et je reviendrai voir. »

Le grand chef est parti, je vois encore mon colonel effondré dans un fauteuil, cerné par le silence pesant de ses officiers et une ambiance sinistre. Il se murmure à lui-même : « Je ne peux quand même pas mettre à pied deux officiers de cavalerie. Je vais attendre les renforts. » Je sais que, pour d'obscures raisons, il ne peut plus me sentir, après avoir eu pour moi, sans motif plus sérieux, une considération très distinguée. Je lui annonce que je suis volontaire pour prendre un commando. De peur de lui causer une joie trop violente, j'ajoute que pour quitter son PC, je suis prêt à faire n'importe quel métier. Cette remarque, à la limite de la civilité puérile et honnête, n'altère pas son optimisme renaissant. Il dit qu'il va réfléchir, que c'est une idée.

Pour moi, c'est tout réfléchi, il a l'air trop content. À ce moment, X, mon meilleur ami au régiment, annonce qu'il est lui aussi volontaire. Le colonel le tient en haute estime, en quoi il a parfaitement raison. Il lui explique que ce genre de travail n'est pas digne de lui. Peine perdue, l'autre n'en démord pas. Le volontariat pour un commando ne peut être refusé, nous l'ignorions, je crois, l'un et l'autre.

J'avais sur de Lattre une opinion mitigée avant l'Indochine : il jouait parfois un personnage et certains officiers le plagiaient sans génie. Ce jour-là, il a gagné de ma part une admiration définitive, ce qui n'aurait aucun intérêt s'il n'avait réussi le même tour de force auprès de milliers d'officiers écœurés, très peu de temps après son arrivée.

Pour en finir avec les généraux, j'aimerais parler de ce chef remarquable qu'était Chanson*. Commandant la Cochinchine, froid polytechnicien dont le corps décharné supporte une grosse tête, il était le modèle assez réussi d'un Martien envahissant la Terre. Un jour, du temps que je commandais un peloton de Marocains, il était venu dans mon poste*, suivi d'un aréopage d'officiers d'état-major que je tenais pour habiles à rafler quelques citations, tapis au fond de leurs bureaux bien ventilés. Il voulait reconnaître un poste caodaïste* perdu dans la jungle, sept kilomètres au nord. Je faisais souvent cette route avec mes half-tracks, j'ai chargé tout ce beau monde dedans et nous sommes partis. La matinée était belle, il ne faisait pas encore trop chaud, j'étais content de montrer à ce général que je ne connaissais pas le joli spectacle d'une nature exubérante cernant et rétrécissant un étroit chemin de charrette.

À l'arrivée, j'ai encaissé, ahuri, une furieuse algarade d'un colonel au bord de l'apoplexie. Pour moi, à l'époque, un colonel s'apparentait à mon grand-père. Il m'a expliqué que j'étais un criminel assassin d'avoir entraîné dans un coupe-gorge le chef qui commandait toute la Cochinchine. J'ai fait remarquer piteusement que j'avais reçu un ordre, que je ne discutais pas les ordres. Sa colère est montée d'un cran, il avait dû avoir peur. Chanson s'est approché, a renvoyé le colonel à ses études et est resté avec moi. Pendant la demi-heure passée chez les caodaïstes, il n'a pratiquement parlé qu'à moi, laissant ses subordonnés faire leur travail. J'ai tout à fait oublié ce que nous nous sommes dit, nous devisions agréablement, sans gêne de ma part ni de la sienne.

Chanson avait peut-être du génie, assurément une volonté sans faille. Il avait décidé de faire mourir de fatigue les Viets par d'incessantes opérations au cours desquelles les accrochages étaient rares, mais qui obligeraient l'adversaire à se déplacer jour et nuit. Les rares bataillons dont disposait Chanson ont manqué mourir aussi, mais l'armée régulière viet-minh a dû se disperser. Beaucoup sont vraiment morts d'épuisement. Plus tard, il a été assassiné. Pour un général, être assassiné dans l'exercice de ses fonctions est un honneur rare. Il était sur le point de mettre au pas les caodaïstes, ce qui m'aurait évité bien des soucis. J'y reviendrai.

Notre brave colonel prend une décision farfelue ! Il confie à X le commandement du sous-quartier qui inclut nos deux commandos, bien que je sois trois ou quatre places devant lui, au sacro-saint annuaire des officiers. Pour le colonel, ce lieutenant est remarquable, tandis que je suis un danger public impossible à commander. Il a sans doute raison, mais sa décision est propre à introduire le désordre dans le dispositif. Comme X est un ami, je lui laisse de bon cœur les embêtements inhérents à la fonction, ainsi que son autorité théorique sur moi. Le colonel a toujours raison.

L'histoire se corse quand arrive son successeur : au nom de l'annuaire et du règlement, il rétrograde mon camarade et me hisse sur un pavois dont je n'ai aucune envie. Tout se passe bien, X est content de me refiler les ennuis. Le colonel continue à avoir raison. Il est d'ailleurs beaucoup plus amusant que le précédent, ce colonel, mais tout aussi folklorique. Célibataire endurci, il doit friser la cinquantaine, ce qui représente à mes yeux l'extrême vieillesse. Un soir, il m'annonce qu'il part le lendemain en patrouille avec moi. On part de jour et on revient de même, je suis donc quasiment assuré que nous ne rencontrerons personne, sinon des grenades piégées. Mais il y a trente à quarante kilomètres à faire par une chaleur moite, uniforme. Il arrive à l'heure dite, tout guilleret, suivi de son ordonnance marocain muni de deux bidons de vin rouge. Il se tire fort bien de la marche et, lorsque nous rentrons au poste, il a séché les quatre litres de rouge. Un seul m'aurait rendu malade. Le planteur nous reçoit et nous propose à boire, le colonel demande un cognac sec, bien tassé.

C'est le meilleur des hommes, une santé de fer, une parfaite égalité d'humeur et une aristocratique indifférence aux détails. Il prend soin de ne pas me gêner, mais il ne m'aide pas beaucoup. Un jour, la moutarde me monte au nez parce que mes armes ne sont pas réparées et mes munitions mal renouvelées. J'écris au colonel, mais, bien entendu, je n'ose pas employer la formule du compte rendu réglementaire que je domine fort mal. Je lui écris une lettre personnelle, me plaignant sans ménagement de l'inertie du service technique régimentaire installé à Saigon. Il écrit en haut de la lettre « pour attribution », signe et l'envoie au chef des services techniques, un chef d'escadrons qui méprise cordialement les types boueux et faméliques dans mon genre. Ivre de rage, celui-ci retourne une lettre personnelle au chef de corps, expliquant que ce petit lieutenant prétentieux ferait mieux de faire son travail et qu'il ne perd rien pour attendre. Le colonel écrit en haut « pour attribution », signe et m'envoie la lettre. Un des regrets de ma vie est de ne pas l'avoir gardée.

Je n'attends pas longtemps. Quinze jours plus tard, le même chef des services techniques annonce une inspection de l'armement ; il est parfaitement entretenu, forcément, notre vie en dépend, mais je sais que je serai piégé de toute manière. Le planteur me propose d'inviter le chef d'escadrons à déjeuner ; il va, dit-il, tenter de l'amadouer. L'autre arrive, rogue, avec une armada de sous-officiers, passe la matinée sans trouver à redire et me suit, déçu, à la plantation. Le déjeuner est plantureux, largement arrosé de vins de qualité. Les sous-officiers sont soignés par les miens. Quand tout le monde repart, je crois naïvement m'en être tiré à bon compte en constatant qu'il y a du vent dans les voiles. Huit jours après, je reçois du colonel un document, très officiel celui-là, me priant de rendre compte des raisons pour lesquelles les fusils de quatre tours de guet, sur la route en direction de Saigon, sont si rouillés qu'ils exploseraient à coup sûr au premier coup tiré. Le chef d'escadrons a inspecté ces tours en partant, hors ma présence, il a trouvé sa vengeance. Dans son rapport, la position des tours est nettement indiquée par des coordonnées dénuées de toute ambiguïté. Je me précipite sur une carte et, pour plus de sûreté, je vais faire une reconnaissance. Les fusils sont toujours rouillés, au point d'être irrécupérables, mais les tours ne sont pas dans mon sous-quartier. À quelques centaines de mètres près, elles dépendent d'un de mes voisins, un capitaine au demeurant fort brave et grand ami du chef des services techniques. Lequel passera six mois à faire oublier sa bévue. Il ne s'est plus occupé de moi.

J'ai eu successivement deux chefs directs. Le premier est pour moi un modèle. Nommé capitaine très jeune, il a de beaux états de service qui m'éblouissent, il est d'une rigueur morale sans faille et cette guerre tordue ne l'amuse pas, contrairement à moi : il regrette d'être si loin de sa femme et de ses enfants. Il m'aide autant qu'il peut et ne s'offusque pas que je sois un peu braque. Un matin, il arrive au poste pour voir si j'ai besoin de quelque chose. J'ai une bonne crise de paludisme et je suis en train de tenter de débrouiller une sombre histoire de munitions qui filent chez les Viets. On le mène à ma chambre. Je suis allongé sur mon lit, torse nu et en sarong, une belle pièce de soie qui vient directement de Lyon. Au pied du lit, une jeune femme hurle en s'arrachant les cheveux tandis que Tai discute patiemment avec elle. J'espère que le capitaine ne pense pas au tableau représentant la mort de Sardanapale. En tout cas, il ne me demande aucune explication sur cet interrogatoire et reste d'une exquise urbanité.

Lorsqu'il est rapatrié, il est remplacé par un modèle tout à fait différent qu'on surnomme l'Étrangleur, parce qu'une légende tenace veut qu'il ait sauté du haut du rocher de Ninh-Binh, haut lieu du Tonkin, en serrant le cou d'un Viet. Il nie l'histoire, mais méprise les combattants du Sud avec autant de morgue que les Tonkinois méprisent les Cochinchinois. Il arrive au poste en roulant des mécaniques et m'annonce que je vais être commandé. Quand je lui révèle que tout est organisé pour qu'il ne puisse pas me donner d'ordres, il pique une belle colère et m'annonce qu'il revient dans deux jours. Effectivement, deux jours plus tard, il a l'élégance de venir me dire qu'il s'est renseigné, j'ai parfaitement raison et il ne cherchera pas à me donner d'ordres. En revanche, il ne m'aidera en rien.

Pour compléter la galerie des portraits, je me dois de mentionner le commandant qui arrive dans le sous-secteur vers la fin de mon séjour. Pour la première fois depuis des mois, je rencontre quelqu'un qui me demande ce que je fais, et quels sont mes problèmes les plus difficiles, parce qu'il a la même hantise que moi, casser du Viet. Cela a dû se savoir. Il saute sur une mine à trente mètres de l'entrée de mon poste, alors que je suis à l'hôpital.

3.
Les sous-officiers

Je suis arrivé au poste* avec un adjudant et trois jeunes maréchaux des logis, tous volontaires. L'aide qu'ils m'apportent est inégale. L'adjudant est nul sur le plan opérationnel et se révélera par la suite tout aussi nul sur le plan du commandement. Des années plus tard, en regardant *La 317e Section**, j'ai pensé que le jeune lieutenant avait bien de la chance d'avoir reçu un adjoint remarquable. Quand le colonel commandant le secteur me fera cadeau de chenillettes, je pourrai enfin donner une raison d'exister à mon adjudant.

En revanche, les trois maréchaux des logis ont le gabarit que je pouvais souhaiter. Ils ont vingt ans, une excellente santé et envie d'aller à la riflette. Le plus ancien, notamment, beau combattant, chef exigeant et capable d'initiative. Il ne sera jamais récompensé selon ses mérites, il faut conserver un contingent de citations pour les bureaucrates.

Plus tard, au titre d'une relève ou d'un renfort, je recevrai un maréchal des logis-chef qu'on a dû mettre chez moi en raison d'une originalité très poussée. Il a un beau passé militaire et une incapacité congénitale à mesurer le danger. Lorsque je reçois l'ordre de détruire les grenades à la main Mills que je détiens, je l'en charge, en raison de sa connaissance des explosifs. Après le déjeuner, l'adjudant me conjure de venir constater la méthode employée : le chef s'est mis dans un des petits blockhaus de guet, a posé la caisse à côté de lui et prend chaque grenade une par une. Après l'avoir dégoupillée, il colle la grenade à son oreille. S'il entend un sifflement, il lance la grenade dans les barbelés. S'il n'entend rien, il pose l'engin devant lui. Il y en a déjà une dizaine qui attendent sagement d'exploser avec retard, ce qui est exactement ce qu'on leur reproche. Je lui intime l'ordre de changer de méthode. Il est peiné de ma pusillanimité.

Il finira par me mettre une affaire bien plus gênante sur les reins. Un jour, à l'heure de la sieste, il entre avec fracas dans ma chambre. Il est couvert de sang, pas le sien, celui de l'adjudant à qui il vient de coller une raclée mémorable parce qu'il lui avait rapporté quelque obscur racontar, les insinuations perfides d'un gendarme (j'ai cinq gendarmes sous mes ordres, chargés de l'encadrement des partisans* de plantation ; le chef qui les commande est remarquable, les autres assez médiocres). Je convoque l'adjudant en piteux état et je l'engueule. Il me fait remarquer, assez gentiment, qu'il n'est que la victime dans l'affaire. J'ai envie de lui dire *vae victis*, mais il ne connaît pas le latin et ce serait très injuste. Le jour même, je fais muter le maréchal des logis-chef, le meilleur combattant qu'on m'ait donné, et je garde l'adjudant, bon chien fidèle sans grande utilité (à la réflexion, peut-être était-il quand même un élément de calme dans cette maison de fous). Quant au gendarme qui a déclenché la bagarre, je lui colle quatre jours d'arrêts. Pour un gendarme, cette sanction équivaut à la guillotine. Un capitaine de gendarmerie arrive deux jours plus tard de Saigon et nous transigeons : je lève la punition, et le gendarme est muté en vingt-quatre heures.

On me donne un brigadier-chef ancien, un homme remarquable qui mériterait d'être adjudant. Il ne m'a jamais expliqué la raison pour laquelle il avait végété dans ce grade glorieux mais subalterne. Si j'avais eu quelques années de plus, je l'aurais fait nommer sous-officier à force de tanner le colonel. À cette époque, j'ignorais qu'on peut obtenir bien des choses d'un colonel, en insistant à temps et à contretemps. À l'époque, j'étais plus porté aux colères froides.

Un jour, je déjeune à la popote de Tay-Ninh. On m'y invite souvent, mais j'y vais rarement parce que je n'ose pas quitter mes bandits et aussi parce que j'ai l'estomac en piteux état. Lors de ce déjeuner, sans penser à mal, le chef d'escadrons adjoint parle d'un chef ivrogne. Il suggère au colonel de l'envoyer chez moi, oubliant ma présence au déjeuner. Sèchement, je signale que cet individu ne mettra jamais les pieds dans mon poste : je le jetterai dehors. Un ange passe. Quand je tombe malade, deux ou trois mois après cet incident, on s'empresse d'envoyer le chef ivrogne chez moi. Dans la semaine de son arrivée, il emmène trois partisans et quatre prisonniers pour une corvée quelconque. Il est ivre comme d'habitude. Les quatre prisonniers, qui sont de bons bougres, assomment le chef et les trois Cambodgiens et partent avec leurs armes. Ce seront les seules armes jamais perdues par le commando sous mon commandement. Quand on me rappelle de convalescence d'urgence, l'ivrogne a été prudemment retiré et je n'en entends plus parler.

Lorsque les garnisons caodaïstes* passent en dissidence, le poste le plus important chez moi est réoccupé par une compagnie de GVNS, ce qui doit signifier quelque chose comme gardes du Viet-Nam Sud, sortes de gendarmes supplétifs encadrés par des gendarmes français. Comme ils sont sous mes ordres, je vais leur faire une visite. Commandés par un adjudant-chef, ils sont bien tenus, somptueusement équipés et armés. Ils ont neuf fusils-mitrailleurs flambant neufs, j'en ai seulement trois plutôt branlants. Ravi, j'annonce à l'adjudant-chef que je l'emmène dans trois jours en opération. Bien entendu, je choisirai une zone facile pour donner le temps à ses brillantes troupes de s'habituer au terrain. Il refuse catégoriquement, m'expliquant que les gendarmes ne sont pas faits pour faire la guerre. Il n'ajoute pas qu'il est là pour dresser des procès-verbaux, mais il le pense sûrement.

Outré, je pars séance tenante à Tay-Ninh faire une belle scène au chef d'escadrons chargé des opérations. Il est embarrassé, tente de me calmer, mais je n'en démords pas : ce ne sont pas les cent cinquante clampins dormant dans leur poste qui me rendent fou de rage, mais les neuf fusils-mitrailleurs qu'ils ont, tout comme les compagnies viets, alors que je n'en ai que trois pour aller dans des coins impossibles. Incidemment, je lui signale que l'armement qui me fait défaut, je vais l'acheter à un Européen qui a pignon sur rue, non loin de la cathédrale. Il n'est pas cher, dans mes prix, et passe pour ravitailler aussi les Viets. D'ailleurs, je n'y vais jamais moi-même, j'envoie des Vietnamiens qui ne déclinent pas leur identité.

Ces histoires peu racontables ébranlent le chef d'escadrons, qui accepte de partir avec moi au poste de GVNS. Impressionné par les quatre galons, l'adjudant-chef transige : il exige seulement un ordre écrit pour soulager sa conscience, je le rédige avec joie et le chef d'escadrons contresigne. Deux jours après, nous partons pour un coin fort tranquille où j'ai l'habitude de débrouiller les nouvelles recrues. J'ai placé la compagnie de GVNS devant, très largement étalée, et mon commando suit derrière. Je n'ai oublié qu'une chose : il y a évidemment des indicateurs parmi eux, et deux jours, c'est long. Au moment où je pense aborder une cocoteraie que je connais par cœur, la lisière s'embrase, bien trop tôt, d'ailleurs : les Viets, probablement impressionnés par notre nombre, ont ouvert le feu à quatre cents mètres à peu près. Comme un seul homme, tous les apprentis gendarmes font demi-tour et s'enfuient en hurlant et en traversant mon commando ahuri. Les gendarmes français, en revanche, restent parfaitement dignes : chacun se poste à côté d'un fusil-mitrailleur et les tireurs, de ce fait, n'osent pas s'enfuir, mais n'osent pas non plus ouvrir le feu. Le spectacle de dix gendarmes debout dans une plaine dénudée battue par un feu nourri est grandiose. C'est Fontenoy.

J'avance avec mon commando, on dépasse les fusils-mitrailleurs et on aborde la cocoteraie que les Viets abandonnent, sûrement intrigués par ma manœuvre. L'adjudant-chef est très gêné. Je ne peux que le féliciter de l'attitude de ses gendarmes et lui recommander d'aguerrir quelque peu ses troupes.

4.
Discipline générale et particulière

La discipline fait la force principale des armées. À l'époque, cet aphorisme figure en toutes lettres dans le préambule du *Règlement de discipline générale.* On peut regretter qu'il n'y soit plus, car il n'a rien perdu de sa valeur. Malgré mon manque d'expérience, je sais que je vais couler corps et biens si j'admets que mes ordres soient discutés ou si je supporte, fût-ce une seule fois, un refus d'obéissance. J'ai découvert aussi ce qu'un colonel de cavalerie intelligent m'expliquera plus tard, de façon explicite : si l'on n'est pas assuré qu'un ordre est exécutable et que l'on n'a pas tous les moyens d'en imposer et d'en vérifier l'exécution, mieux vaut ne pas le donner, quelle que soit son opportunité.

Cette conviction va être le fil conducteur assez pragmatique de ma conduite. Le règlement officiel régit mes relations avec mes supérieurs et les sous-officiers français. Il ne m'est d'aucun secours dans mon rapport aux partisans*, qui ne savent pas ce qu'est la France, pas plus que le communisme, et se considèrent comme liés à moi par un lien féodal de caractère assez particulier : ils ont le droit de le rompre quand ils le souhaitent, il n'est fondé sur aucun document écrit, mais tant qu'il est tacitement reconduit, il me donne sur eux, en pratique, le droit de vie et de mort.

Ce lien qui nous unit est matérialisé par une seule chose, l'argent, la pauvre solde que je leur remets tous les quinze jours. Ce n'est pas choquant. L'argent ici n'est pas le mal, il est le bien le plus primitif, la possibilité de manger. Pendant l'une des agréables détentes qui émaillent les opérations, je leur demande pourquoi ils acceptent de me suivre, et au besoin de se faire tuer pour moi. À voir leur tête, je comprends qu'il s'agit d'une question d'ordre métaphysique. Ils finissent par répondre : « Parce que chez toi, on mange bien. » Je suppose qu'ils ont voulu dire que je réglais la solde intégralement sans en mettre dans ma poche, contrairement, dit-on, à certains chefs caodaïstes*.

Puisque l'argent a valeur de symbole, je paie moi-même la solde et je ne demande jamais son nom au récipiendaire : je dois le connaître, le lien qui nous unit l'impose. Cet exercice profitable me permet de distinguer, sans grand risque d'erreur, un Tonkinois d'un habitant de l'Annam, un Cochinchinois d'un

Cambodgien, voire d'un Chinois quand, par hasard, j'en rencontre. Avec l'habitude, ils sont aussi différents qu'un Suédois l'est d'un Tunisien. En leur réglant leur dû, je leur rappelle leurs dettes à mon égard, mais je retiens rarement de l'argent de mon propre chef : une reconduction tacite est la règle.

L'éventail des punitions est réduit. Je passe sur celles, anodines, qui ne sont pas de mon ressort. Je limite les miennes à ce qui est le plus mal ressenti, la retenue de solde, pour quinze jours, voire un mois. En cas de faute plus grave, il y a, pour un gradé, la cassation et, pour tous, les travaux forcés, qui ravalent le malheureux au rang de prisonnier de guerre viet-minh. Faute de solde, l'intéressé et sa famille sont nourris par une femme de partisan que je dédommage.

Ces sanctions paraissent dures, appliquées à des gens aussi gais, gentils et dévoués, toujours disponibles et renâclant rarement. Mais certains sont des tueurs qui respectent d'abord la force. Il n'y a jamais de punition collective, elles ne peuvent qu'encourager la rébellion. Si je sens la température monter au point de risquer de faire sauter la marmite, je réveille tout le monde à deux heures du matin et nous partons en patrouille vers le nord : une promenade de cinquante kilomètres par une chaleur étouffante enlève toute idée de prendre le mors aux dents.

Il y a un rassemblement par jour, le matin. Lorsqu'il s'agit d'un départ en opération, il se fait dans le plus profond silence. Les autres jours, après les couleurs, il sert à distribuer le travail de la journée. Au début de mon règne, je m'essaie à dire quelques mots en vietnamien. Ils se tordent de rire. Il s'agit d'une langue chantée et l'intonation des voyelles change totalement leur sens. Je n'ai malheureusement pas beaucoup d'oreille et je renonce vite. Quand je donne un ordre, l'intéressé me regarde tristement et attend que je trouve un interprète pour comprendre. Je mets quelque temps à trouver la parade : j'annonce solennellement que j'accorde un délai de huit jours aux gradés, sergents, caporaux-chefs et caporaux, pour comprendre et parler le français. Tous ceux qui n'y seront pas parvenus seront cassés et remplacés par de plus futés qu'eux. Ils tiennent beaucoup à leur grade, et surtout à l'augmentation substantielle de solde qui l'accompagne. Par enchantement, dans les quarante-huit heures, la quasi-totalité du commando me comprend et arrive à baragouiner de telle manière que je comprenne.

En opération, ils sont habillés en noir comme des coolies de rizière, en général pieds nus. Je ne tarde pas à remarquer que, dans ma tenue claire réglementaire, je suis la cible privilégiée des Viets. Je me fais donc tailler des tenues de combat noires, d'ailleurs plus légères et confortables. La première fois que le colonel me voit ainsi affublé, il pense avoir une attaque. Il commence par me citer Bournazel et sa tunique rouge*. Je lui fais remarquer que les conditions étaient différentes, le but également, et que ça s'est mal terminé. Alors, il me dit que les Viets me fusilleront quand ils m'auront fait prisonnier. Cela me paraît un moindre mal et je garde ma tenue noire. Pour les partisans, qui ont besoin de tenues de travail, je me procure des uniformes réformés en état passable. Je ne les obtiens d'ailleurs pas par la voie hiérarchique, mais par le planteur, qui connaît des intendants à Saigon et envoie chercher le tout dans un camion de plantation. Cependant, les partisans tiennent à une tenue de parade. Pour chacun, je fais tailler une chemisette et un short dans le tissu de mon choix, puis une belle tenue de combat noire qui leur donne des airs de Viets d'opérette. Cela, joint à l'insigne que je leur offre, me confère un grand prestige, prestige plus dangereux que je ne l'imaginais lorsque je me heurterai aux caodaïstes.

Pour mener cette politique, il faut de l'argent et j'en trouve. À mon arrivée, la caisse « noire » existe, mais elle est maigre. Pour la remplir, il y aurait le système des partisans fictifs que je facturerais au planteur, mais le procédé me déplaît parce qu'il affaiblit mon armée. En revanche, tout ce qui est au nord est zone interdite, tout doit y être détruit. Les prises de guerre me sont exclusivement réservées. Avec elles, j'entretiens les veuves et les orphelins, j'habille le commando, j'arrose les naissances, les mariages et les enterrements, et je prête de l'argent aux hommes, sans intérêt. Je ne garde jamais rien pour moi et je refuse de rétrocéder un centime à l'échelon supérieur : cet argent maudit ne doit servir qu'aux pauvres gens qui risquent leur peau.

La nuit, mes insomnies me laissent le loisir de me promener dans le poste* et le village des coolies de plantation. Je vérifie qu'il n'y a aucun déplacement suspect, ni réunion étrange. Le couvre-feu est strict, rompu seulement par les retours d'opération de nuit. Il est nécessaire parce que les coolies de la plantation ne sont pas sûrs. Une partie d'entre eux trancherait bien la gorge à mes partisans et à moi-même, par conviction ou pour de l'argent. Au cours des exercices d'alerte, je fais placer des mitrailleuses en batterie dans les rues bien droites et je fais tirer quelques rafales pour rappeler que je suis le maître.

Il y a beaucoup de sentinelles, moitié partisans de plantation et moitié commandos. Comme ils sont fatalistes, et que la nuit précédente ils ont été en opération ou qu'ils ont fait la bringue, ils dorment souvent. Je les réveille à coups de nerf de bœuf. Ils savent que je pourrais aussi bien les faire fusiller et ils encaissent sans broncher. Ce qui m'importe vraiment n'est pas que le poste soit bien défendu, entreprise impossible, mais que les Viets croient qu'il l'est : je sais qu'ils savent tout ce qui se passe chez moi.

Tout compte fait, le système fonctionne plutôt bien, à la satisfaction générale, mais il n'est certes pas à citer en exemple. Par la volonté des partisans plutôt que par la mienne, la discipline est fondée sur un lien personnel entre chacun d'eux et moi, sans aucun intermédiaire : dès lors, les gradés, blancs et jaunes, ne sont pour eux que des transmetteurs d'ordre qui ne détiennent pas la réalité de l'autorité, tout entière entre mes mains. Le système est fragile : il suffit que je sois malade ou absent pour que tout s'écroule. Plus tard, je retiendrai la leçon et, comme chef de corps, je prendrai bien soin de proclamer que le moindre sous-officier détient, par la voie hiérarchique, ma propre autorité, tant que je ne le désavoue pas formellement.

Un jour, je pars pour Saigon dans la traction avant du planteur, je m'autorise rarement ce genre d'absence. À mon retour, je suis accueilli par l'adjudant, la mine défaite. Pendant la journée, des partisans ont assommé l'interprète, le sergent Tran Ha Tai, et l'ont jeté dans un puits. Il n'est pas mort et d'autres l'ont retiré, des Cambodgiens.

Je vais voir Tai dans sa chambre. Il est en mauvais état mais tout à fait lucide. Comme je suis furieux et que je lui annonce que je vais en tuer quelques-uns, il me supplie de n'en rien faire. Si je suis trop brutal, lui et moi passerons, d'ici peu, un mauvais quart d'heure. Il ne me livre le nom d'aucun des auteurs de l'attentat. Je lui promets de garder mon calme.

Je convoque Niem. Il n'a rien vu, rien entendu et ne sait rien. C'est tout à fait invraisemblable : il sait beaucoup plus de choses que moi et n'aime pas Tai qui, petit à petit, a pris plus d'influence que lui. Je ne lui demande aucun conseil. Je lui dis de rassembler le commando, sans armes. Dix minutes après, j'arrive seul, dans un silence lugubre. Mes sous-officiers français et moi avons le pistolet au côté, nous sommes les seuls armés. Il fait nuit, la place est bien éclairée, les visages sont blafards et tendus.

Je sais bien qu'ils pourraient me faire la peau, mais ce n'est pas la peur qui me tenaille, plutôt une fureur impuissante : je suis écœuré, je ne sais trop que faire et mes adjoints, totalement dépassés, ne me sont d'aucun secours. Après un moment de lourd silence, je déclare que tuer Tai ou me tuer moi-même revient au même et entraîne les mêmes sanctions. Que les tueurs sortent des rangs, sinon je les trouverai moi-même, et vite. Niem traduit par un flot de paroles véhémentes, il doit en rajouter. Aucune réaction, et silence de mort, c'est le cas de le dire. J'ordonne à Niem de me désigner les coupables. Sans hésiter, il fait sortir quatre Annamites auxquels j'aurais pensé moi-même : des durs capables de tout, mes meilleurs soldats. Puis, à mon grand étonnement, il désigne ensuite quatre Cambodgiens, un caporal au-dessus de tout soupçon et trois misérables petits paysans apeurés. Les quatre premiers viennent s'aligner fièrement devant moi, les quatre suivants prennent la suite tristement, comme des moutons qu'on mène à l'abattoir. Huit me paraît un nombre convenable. Seulement, tout d'un coup, sortent des rangs deux Annamites, eux aussi des durs, qui viennent s'aligner avec les autres, d'un air de défi. Niem lui-même paraît estomaqué. Si tout le commando suit leur exemple, je suis perdu. Mais non, ils restent bien sagement en rang.

Alors, les rangs, je les fais rompre et je dis à tout le monde d'aller dormir, sauf les condamnés. Les partisans font quelques pas et s'arrêtent, l'air gêné. Ils veulent voir. Je les fais chasser à grand-peine par Niem et mes sous-officiers, et je reste en face de mes dix bonshommes. Ils s'attendent peut-être à ce que je leur brûle la cervelle. Pourtant, ma colère est à moitié retombée. Tai m'a prévenu tout à l'heure des conséquences probables d'une sanction trop violente et, dans sa sagesse chinoise, Niem m'a piégé : il a désigné quelques innocents si évidemment innocents que les tuer serait commettre un assassinat. Me lancer dans un interrogatoire serait stupide : Tai n'est pas là et Niem lui-même est peut-être le complice ou l'instigateur de toute l'affaire.

J'ai enfin une inspiration : huit jours plus tôt, un colonel est venu de Saigon inspecter mes défenses. C'est un pauvre vieux qui boite bas et est consterné de tout ce qu'il voit. Il ne lui a pas fallu longtemps pour se rendre compte que le long mur de brique est aussi efficace qu'un décor de carton. Il m'a dit que mon poste était un bordel. J'ai transigé pour un semi-bordel et lui ai conseillé d'aller le dire au planteur, qui est le cochon de payeur. Sans illusion, il est parti tristement. Ce souvenir est pour moi une illumination. Je dis aux intéressés qu'ils sont mis aux travaux forcés. Le long du mur d'un kilomètre et demi, ils vont confectionner une butte de terre d'environ un mètre de hauteur pour assurer, au moins, une certaine protection contre les balles de 7,5. Le caporal cambodgien sera le chef des travaux. Pendant tout ce temps, ils n'auront aucune solde, eux et leur famille seront nourris par la femme que je vais désigner. Ils n'auront aucune autre activité, et le caporal est responsable des heures de travail.

Ils se croyaient morts, tout compte fait ils sont vivants, et bien près de se prosterner pour me remercier. J'ai évalué le travail à trois mois à peu près, en s'accordant très peu de pause. Ils s'y mettent dès le lendemain matin, bien avant le lever du soleil. Ils travaillent toute la journée et respectent le même rythme les jours suivants. Je soupçonne que des camarades viennent en cachette les aider dans leur travail pharaonique, cela ne me regarde pas. En tout cas, ils terminent en un mois, et Tai est guéri.

Moi, je sais qu'il n'est pas sain de m'absenter.

5.
Les *congaïs*

Dans cette société d'hommes, les femmes, les *congaïs*, sont omniprésentes, elles détiennent la réalité du pouvoir, mais cela ne doit pas se dire, ni même se savoir. Un jour, je vais voir le docteur Chou, important Vietnamien de Tay-Ninh, formé à la faculté de Paris, tout à fait francisé et citoyen français à part entière. Il joue serré entre les Français, les Viets et les caodaïstes*, on ne peut trop lui en vouloir. Sachant que je suis dangereux, il a demandé à me voir. Bien entendu, je ne saurai jamais exactement pourquoi. Pour aller dans son bureau, il faut traverser un salon rempli de meubles extrême-orientaux. Une vieille dame fort digne est assise près d'une fenêtre. J'esquisse un mouvement vers elle, quand il me dit avec une grande simplicité : « Ne faites pas attention, c'est ma femme. »

De Blanches, je n'en vois qu'une, la femme du planteur. Elle supporte fort mal le climat, la perte de son unique enfant et une ambiance dure, misogyne, à laquelle elle réagit avec une parfaite maladresse. Malgré la sympathie que j'ai pour elle, elle n'est qu'une charge, et pas la plus mince.

Les Jaunes, elles, sont charmantes, fines, attentives et, apparemment, soumises aux hommes, quoiqu'elles ne doivent pas, en leur for intérieur, les trouver bien malins. Sensible à leur charme, je pourrais en élire une pour moi et m'encongailler en concoctant l'un de ces délicieux petits mariages annamites, aussi agréables que temporaires. J'y trouverais le repos du guerrier qui me manque. Pourtant, j'ai bien des raisons de résister à la tentation. Les motifs d'ordre religieux devraient être les plus forts, je ne suis pas sûr qu'ils seraient suffisants. Mais je me connais assez pour me douter que l'élue deviendra ma maîtresse dans tous les sens du terme et qu'elle régnera sans partage sur les partisans*, avec sur moi le double avantage d'être plus futée et de pouvoir se passer d'interprète.

Instruit par l'expérience et conforté par les conseils de X, mon camarade de promotion, je n'autorise jamais mes sous-officiers à « s'encongailler » en prenant une petite femme locale. Ils m'en veulent et je les comprends, mais je suis intransigeant.

J'ai vu des camarades s'encongailler. Quelques-uns ont été assez froids, cyniques et raisonnables pour en tirer de grandes et éphémères satisfactions sans s'y brûler les ailes. D'autres y ont perdu leurs vertus de soldat et fait preuve d'une consternante naïveté. Je soupçonne que je ne serais pas plus malin qu'eux. Une solution serait de faire comme le roi Salomon, dont la Bible dit qu'il eut sept cents femmes de rang princier et trois cents concubines. Bien des jolies femmes de mes partisans et de mignonnes saigneuses d'hévéas se feraient un devoir, peut-être même un plaisir, de m'honorer de leurs faveurs. Hélas ! Dieu ne m'a donné ni la sagesse du roi Salomon ni sa robuste constitution. D'ailleurs lui-même, à qui le Seigneur avait dit : « Il n'y aura personne comme toi parmi les rois », fut perdu par les femmes, « qui détournèrent son cœur ». Sur cette question, comme sur le reste, l'adjudant Niem, mon mentor, a une opinion tranchée et m'en fait part. Au temps de sa splendeur, il a possédé un harem de quatre épouses : « Mon lieutenant, n'ayez jamais qu'une femme à la fois. »

Donc, je n'aurai pas de femme, privation d'autant plus forte que je les commande, *elles*, au même titre qu'*eux*. J'ai vite découvert qu'elles avaient tendance à bafouer joyeusement mon autorité. Pas question de leur adresser un ordre par l'intermédiaire de leur mari, il faut traiter directement. Un poste d'éclaireur de pointe s'étant « libéré », je le propose à un Annamite, qui sort de mon bureau enchanté : en opération, c'est la place la plus dangereuse et la plus enviée. Il revient un quart d'heure plus tard, triste et penaud, pour m'annoncer qu'il ne peut pas, ne veut pas, qu'il n'en est pas capable. Je demande à Niem, qui sait tout, pourquoi cette volte-face inattendue. C'est sa femme qui le lui a interdit. Le pauvre, je le comprends, mais c'est la guerre. Je convoque le mari et la femme ensemble, et je donne l'ordre à l'homme de prendre le poste d'éclaireur. Je ne m'adresse pas à la femme, cette affaire, en théorie, ne la regarde pas. Quand son mari accepte avec empressement, elle ne dit rien, ne manifeste aucun sentiment. Par prudence, avant leur départ, je lui demande si elle a compris. Elle s'incline, oui, elle a très bien compris. Désormais, je sais comment opérer et assurer à la fois mon autorité et la paix dans les ménages.

Une autre fois, un caporal, un des meilleurs, vient m'annoncer que sa sœur s'est sauvée. Il s'agit d'une jolie Cambodgienne âgée de quinze ou seize ans, il aurait été surprenant que je ne la remarque pas. Elle est partie dans un poste* situé à une quinzaine de kilomètres au sud du mien, dans une zone beaucoup plus calme. Ce poste est tenu par un de mes amis, le lieutenant Larbi, officier marocain remarquable, qui commande comme un Berbère de grande famille, avec une distinction méprisante et sans réplique. Bien plus tard, occupant un très haut poste au Maroc, il sera fusillé sur ordre d'Oufkir, mais c'est une autre histoire. Je pars en jeep avec Niem et mon caporal. Larbi m'accueille aimablement, il va naturellement me rendre la fille, qui est déjà en ménage avec un Annamite du coin. Elle arrive, l'œil mauvais et l'air buté. Je lui dis qu'elle va repartir avec moi, que personne n'a le droit de quitter mon poste sans mon autorisation. Je suis un peu gêné par la présence de Larbi, qui arbore un fin sourire de grand seigneur, il suppose probablement qu'il y a un malentendu d'ordre sentimental entre la fille et moi.

Niem traduit mes ordres par un flot de paroles véhémentes. Il doit en rajouter sur mes droits patriarcaux. La fille, toujours aussi revêche, répond une seule phrase qui le laisse sans voix ; il faut que je lui intime deux fois l'ordre de traduire : « J'en ai marre de coucher avec mon frère. » Je demande à mon caporal ce qu'il en est. À peine gêné, il me répond que ça n'arrive pas tellement souvent. Je dis à la fille, ravie, qu'elle peut rester là où elle est. Je présente mes excuses à Larbi pour l'avoir dérangé pour rien. Il semble trouver que je ne sais pas bien ce que je veux.

Le jugement le plus étrange que j'ai eu à rendre, ce fut le matin où j'ai été averti que le caporal cambodgien, Tach Cong, avait entrepris d'étriper le sous-officier annamite, Tran Van Chan. Le côté fatigant de ma royauté tient à ce que, dans les cas extrêmes, aucune autorité, qu'elle soit blanche ou jaune, ne se juge en mesure d'intervenir à ma place. Je me rends donc sur les lieux du crime. Le Cambodgien, un solide gaillard, tient un poignard appuyé sur l'estomac de Chan et semble attendre une ultime inspiration avant d'ouvrir proprement sa victime, qui n'en mène pas large. Je me fais remettre solennellement le couteau et nous allons à mon bureau pour résoudre ce petit différend.

Par chance, la version des faits présentée par les deux adversaires est rigoureusement la même. Chan est un forban qui tient une maison de jeu clandestine, cela, je le sais depuis un certain temps. Il a ruiné l'autre, qui lui a vendu sa femme pour la somme considérable de trois mille piastres*, ce qui est cher, même pour une femme aussi jolie, heureusement sans enfant. Lorsque Tach Cong a joué et perdu l'argent, il est entré dans une fureur sacrée et a décidé de se venger, d'ailleurs assuré que je le ferais fusiller ensuite, ce qui a dû retenir quelques instants son bras vengeur. Chan, lui, est sûr de son bon droit : ici, une dette est plus sacrée qu'une femme qu'il a payée rubis sur l'ongle.

Selon leur code de l'honneur, il m'est impossible de rendre à son ancien propriétaire un bien qu'il a vendu. Selon ma morale, on ne sépare pas ce que Dieu a uni. Atterré, je prie les deux hommes d'aller attendre dehors mon jugement et j'avoue à Niem ma perplexité et mon impuissance à prononcer une sentence équitable. Le vieux Chinois me regarde avec la condescendance affligée qu'on marque à un gosse incapable de résoudre un problème d'arithmétique simplet : je n'ai qu'à renvoyer la femme.

Cette idée barbare ne m'avait pas effleuré, mais je dois admettre qu'elle est seule capable de ramener l'ordre. J'adopte donc l'idée de Niem. Je convoque la femme, qui se met à pousser des cris déchirants quand je lui fais part de ma décision : elle doit quitter le poste dans le quart d'heure. À l'indignation de Niem, je sors trois mille piastres de ma cassette et les lui remets. Ses pleurs sèchent instantanément, elle promet de disparaître sans délai et nous nous quittons enchantés l'un de l'autre. Chan et Cong reviennent me voir. Ils pleurent de vraies larmes, tous les deux. Ils me supplient de leur laisser la femme, ils la partageront sagement et ne feront plus parler d'eux. Je reste intraitable. Mes jugements sont sans appel, ils doivent l'être.

Et un jour, une créature de rêve se présente. Elle est eurasienne, grande, élancée, parle un excellent français. Elle m'explique sans précaution oratoire qu'elle sait que je suis un chef puissant, mais qu'il est sûrement mauvais pour moi de ne pas avoir de femme. J'ai envie de lui dire qu'elle est en plein accord avec Yahvé, qu'il n'est pas bon que l'homme soit seul. Elle me propose aimablement de remplir le rôle d'Ève. Je suis certain qu'elle le remplirait à la perfection. Je pense aussi que quelqu'un l'envoie. Comme il y a peu de chances que ce soit mon colonel, restent les caodaïstes et le viet-minh, également désireux de me calmer et de savoir ce que je trame. Je décline l'offre, très poliment, et les regrets que j'exprime sont tout à fait sincères.

J'ai encore en mémoire le nom et la physionomie de beaucoup de partisans. Mais je dois avouer que leurs femmes se confondent pour la plupart dans mon souvenir sous la forme d'une entité au charme discret et mystérieux. De l'une d'elles pourtant, je garde une image très précise, parce qu'elle parlait bien français et n'affichait pas la timidité des autres. Elle avait sûrement plus de trente ans, âge considérable dans ce royaume où mes sujets sortaient pour la plupart de l'adolescence. Fine et distinguée, elle avait des traits réguliers et avait dû avoir une vie compliquée. Nous parlions souvent ensemble, sans qu'elle me fasse la moindre confidence. Un jour, son mari, plus jeune qu'elle, est venu me demander l'autorisation de divorcer, avançant que sa femme était souffrante. Je suppose qu'il en voulait une plus jeune. J'ai refusé, il a dû la garder. À mon étonnement, il m'a semblé que Niem approuvait, pour une fois, une décision que j'avais prise sans lui demander conseil.

6.
La Légion

Que vient faire la prestigieuse Légion étrangère dans cette histoire de misérables *nha-qués* en guenilles ? En fait, pour moi, elle est représentée à cette époque par un homme, un seul, mais considérable, le colonel commandant le secteur. Tout le monde colporte les colères et les sautes d'humeur surprenantes de cet homme redoutable. On dit que ses cuites, fréquentes, durent une semaine et comportent trois périodes de durée sensiblement égale : la première d'activité débordante, la seconde de liesse exubérante, la troisième de noire et dangereuse mélancolie.

Entre un puissant colonel et un jeune lieutenant perdu dans les bois, il ne devrait y avoir aucun contact direct. Or, il vient me voir souvent, à des heures surprenantes, et ne se choque jamais s'il me trouve en train de jouer au volley-ball ou cherchant sans espoir un quart d'heure de sommeil après déjeuner. Que je l'accueille torse nu en sarong le laisse d'une parfaite indifférence. Il ose, et il est à peu près le seul, me donner parfois des ordres, et ceux-ci, contrairement à d'autres, sont destinés à être exécutés sans murmure : lui n'a jamais fait la différence entre un ordre tout court et un ordre impératif.

En compensation, il cherche à me rendre service par tous les moyens. J'ai l'intuition qu'il mesure bien la charge qui m'est échue. Il sait que j'ai besoin d'être soutenu, pas d'être inspecté. Des années plus tard, l'expérience aidant, cette impression s'est transformée en certitude. Je garde une grande reconnaissance à ce colonel, qui appartient à la rare cohorte des vrais chefs.

Sa première offre de service est une faveur exorbitante : puisque je ne connais pas mes petits Jaunes et qu'eux ne connaissent encore rien au noble art de la guerre, mais pourraient fort bien être tentés de me trancher la gorge, le colonel me propose une garde prétorienne de douze légionnaires chevronnés, chargés de ma sécurité proche et lointaine. Je ne mesure pas encore ma nouvelle responsabilité, mais je viens de travailler six mois avec la Légion, pour laquelle j'ai la plus grande admiration. Je sais donc que les légionnaires n'aiment pas être aux ordres d'un officier de la « régulière » et qu'ils ont souvent une conception trop radicale de la pacification des régions difficiles. J'ai l'intuition qu'ils détiendront, à ma place, la réalité du pouvoir et qu'ils ne l'exerceront pas comme je l'entends. Je décline cette offre alléchante, sans développer mes raisons au colonel, et lui dis qu'il m'est nécessaire de manifester une totale confiance à mes partisans*, qu'ils la méritent ou non. C'est le seul moyen d'en faire quelque chose. Il ne se met nullement en colère, il a l'air plutôt content.

Peu de temps après, il me fait une nouvelle offre. Il possède, hors de toute comptabilité, bien entendu, deux chenillettes Bren avec leur armement. Il m'en fait cadeau si je forme les équipages nécessaires et si la plantation assure l'entretien et le dépannage. Cette fois, le marché est conclu. En prime, pour défendre l'immense enceinte du village de la plantation, il me dote d'un certain nombre de mitrailleuses, elles aussi sorties de toute comptabilité. Un jour, je lui révèle qu'une MG42, redoutable arme allemande, ne fonctionne plus. Il est toujours suivi du sous-officier armurier du secteur, grand aryen blond, qui récupère l'arme avec une grimace et me la rapporte huit jours après. Il m'annonce qu'elle ne marchera jamais plus, elle est *kaput*. Ces armes étaient faites pour durer le temps d'une guerre éclair. Je lui demande ce que dira le colonel quand je lui en rendrai compte. Il me répond avec philosophie : « Il me cassera. » Quand le colonel revient quelques jours après, toujours suivi du sous-officier armement, je lui dis que la MG42 marche fort bien.

Un matin, j'entends dans le lointain une forte explosion qui ne me traumatise pas trop. Puis une jeep de la Légion arrive en trombe : le colonel me demande d'urgence. Je le trouve à cinq kilomètres, contemplant, consterné, les deux morceaux d'une jeep coupée en deux, chaque morceau à dix mètres l'un de l'autre, avec des restes humains entre les deux. Il s'agit d'un capitaine, les Viets l'ont eu avec une charge télécommandée. Il ne me dit pas, mais doit penser comme moi, que cette charge considérable lui était destinée : il roulait derrière le capitaine. Les partisans ramassent mollement les restes. Le colonel s'énerve parce qu'il manque un bras. J'ai envie de lui dire que ça ne compromet pas la résurrection des corps au dernier jour. Finalement, l'honneur est sauf, on retrouve le bras manquant cinquante mètres plus loin, dans les broussailles.

Les légionnaires ne sont pas faits pour mener mon travail de fourmi, fondé sur la patience, la ruse et d'inévitables compromis. Mais leur solidité en opération fait mon admiration. Je regrette qu'ils aient négligé de m'utiliser pour leur lever le gibier. Je crois qu'ils n'aimaient pas trop travailler avec moi. Ils n'arrivaient pas à distinguer mes hommes des Viets. Il est vrai que je m'y trompais moi-même de temps en temps.

7.
Les planteurs

En Cochinchine, les planteurs sont les cadres français des plantations d'hévéas. Ils constituent une caste puissante, influente, qui pactise fort peu, à ma connaissance, avec le viet-minh. Si j'en juge par ceux que j'ai connus, ils sont souvent originaux : il est difficile de durer dans ce pays sans être un peu fou. Logé par un planteur, j'entends à longueur de temps des histoires de planteurs. Surtout celle du planteur qui s'arroge un droit de cuissage sur les petites Vietnamiennes chargées, tous les matins, de pratiquer la saignée des arbres : les filles sont plus adroites que les garçons, elles n'abîment pas l'arbre. De ces amours sylvestres sont issues des nuées d'Eurasiennes plus belles les unes que les autres. Il y a aussi l'histoire de ce planteur – était-ce le même ? – qui, à l'époque de l'occupation japonaise*, se plonge dans un bain chaud, s'ouvre les veines et convoque le colonel japonais du coin. Celui-ci, plein d'admiration devant ces mœurs antiques, lui fait mettre des sparadraps et lui rend sa plantation. Et celle du planteur qui chaque nuit sort avec un fusil de chasse, monte une petite embuscade personnelle souvent couronnée de succès, puis va goûter un repos bien gagné. Ou encore cet autre qui, avant de diriger l'une des plus grosses plantations, a été trafiquant d'armes puis ministre de l'Armement d'Ibn Séoud. Ces planteurs un peu fous sont courageux. Bien plus de la moitié d'entre eux seront liquidés par les Viets.

La plantation où j'échoue est peu importante mais prospère. À l'époque, Staline a entrepris de mettre sur pied la plus grande armée du monde et il achète partout le caoutchouc au prix fort. Même le « caoutchouc de terre », le latex tombé des arbres, se vend cher… Le requin qui possède la plantation est un paralytique qui habite sur la Côte d'Azur. Il ne réinvestit rien et le matériel est vétuste. Mais il a réussi, dit-on, à faire coter sa société à la Bourse de Paris, sert des dividendes mirifiques et, à coup d'informations savamment distillées, fait monter et descendre les cours, réalisant, à partir de sa chaise roulante, une fortune confortable sinon totalement légale.

Le directeur de la plantation est l'homme avec qui je vais avoir pendant un an et demi les relations les plus suivies et les plus complexes qui soient. Le contrat est qu'il me loge avec mes hommes et qu'en échange j'assure la protection éloignée de la plantation. Il est généreux, traite bien mes partisans* et construit pour moi une chambre-bureau plutôt somptueuse. Le poste* est un rectangle, ceinturé d'un mur de brique doublé de barbelés, dont les côtés font à peu près huit cents et cinq cents mètres, avec, au bout, une piste d'atterrissage pour petits avions. À l'intérieur, trois villas de cadres, des bureaux, l'usine de transformation du latex, assez rudimentaire, et les logements de près de mille personnes : les ouvriers de la plantation, les partisans qui lui sont attachés, une centaine environ, et mes cent trente types, avec femmes et enfants.

J'ai table ouverte chez lui, et il vit somptueusement. Si je ne suis pas en opération, je reçois parfois un coup de téléphone à dix heures du matin. Sur la table de la salle à manger, il y a un grand bol plein à ras bord de caviar de Russie accompagné d'un magnum de champagne. Lui, ses deux assistants et moi y faisons un sort. Ainsi, j'ai le rare privilège de passer à longueur de temps d'une vie harassante et boueuse à un luxe de nabab.

Les deux assistants sont très différents l'un de l'autre. L'un est petit, nerveux, irascible et franc comme l'or. L'autre, le premier adjoint, est grand, fort, et affiche son cynisme avec délectation. Par le plus grand des hasards, nous avons passé plusieurs années ensemble dans le même collège. À l'époque, il était maigre et d'aspect famélique. Au nom de ce hasard, nous sommes très copains, quoique pas toujours du même avis. Avec ça, il fait très bien son travail.

Le planteur, dès l'abord, m'offre un soutien inconditionnel. Lorsque j'ai un conflit avec mes supérieurs, il me procure la parade. Peu de temps après mon arrivée, le moteur de mon unique camionnette rend l'âme. Je l'envoie en réparation. Le lieutenant chargé de l'atelier, bien plus ancien que moi, me convoque, me dit que le moteur est lessivé par manque d'huile, que le commandant du sous-secteur est féroce sur l'entretien du matériel et qu'il va me coller trente jours d'arrêts. Il me propose de faire la réparation en dehors des heures de travail, pour cinq mille piastres*, et il étouffe l'affaire. Je flaire la supercherie intéressée, mais je suis au plus mal avec le commandant du sous-secteur et ne veux pas qu'il ait barre sur moi. Je rentre au poste et raconte l'histoire au directeur, qui me prête un camion avec lequel, à une heure de l'après-midi, je vais récupérer ma camionnette dans l'atelier désert et la rapporte au poste. Toute la nuit, un mécano de la plantation réalèse les cylindres au papier de verre et me rend un moteur très convenable. Je lui donne cent piastres. C'est un Viet connu, envers qui je saurai, plus tard, être indulgent. Le lieutenant du matériel ne demande pas la moindre explication : cette histoire surréaliste semble n'avoir jamais existé. Elle n'est qu'un hors-d'œuvre. Le planteur, grâce à ses puissantes relations à Saigon, me tire d'une foule de mauvais pas où m'entraîne mon innocente témérité, pendant que mes supérieurs hiérarchiques me laissent m'enliser avec une bienveillante indifférence.

Je ne tarde pas à découvrir qu'en échange de cette protection, le directeur attend de moi que je me conduise en vassal soumis, en fait que je sois le troisième assistant de la plantation. Je suis obligé de jouer serré. Brillant, intelligent et cultivé, il a des sautes d'humeur redoutables, passant d'une gaieté exubérante à l'humeur la plus sombre. Un jour, à table, devant les deux assistants et sa femme médusée, il se dresse brusquement et, tendant vers moi un doigt vengeur, crie : « Je suis le seul maître ici, je peux vous faire fusiller après déjeuner. » Il dispose de son pistolet et d'une carabine américaine, moi, je suis à la tête d'environ trois cents armes de différents calibres. Je me fais conciliant, lui dis que j'abonde dans son sens et qu'on en reparlera après le café. Il se rassied, rasséréné, et reprend une agréable conversation.

Un soir, il me déclare qu'il veut inspecter les défenses avec moi, non de l'intérieur, mais de l'extérieur, pour voir si le dispositif est bien imperméable. C'est une idée stupide parce que le mur de brique est surmonté d'une nuée d'ampoules électriques destinées à éblouir ceux qui veulent s'approcher. On ne va rien voir et on va défiler devant une dizaine de sentinelles installées dans de petits blockhaus, les uns avec des mitrailleuses, les autres avec des fusils. Je me garde de le contredire et nous voilà partis, nantis chacun d'une canne et d'un pistolet. Il parle fort, s'échauffe, les sentinelles doivent être étonnées. Au bout d'une demi-heure, il a le sentiment que notre situation est peu confortable et décide de rentrer, non par la porte sud d'où nous venons, mais par la porte nord, qui ne s'ouvre de nuit que pour les départs en opération. Comme j'en ai également assez, je me conforme à ses désirs. Nous approchons du blockhaus, je le hèle et nous recevons deux coups de fusil qui ne nous font aucun mal. Le planteur est furieux. Je lui dis, pour le rassurer, qu'ils tirent mal. Je découvrirai plus tard qu'ils tirent assez bien quand ils le veulent vraiment. Je m'approche seul en égrenant tous les jurons que je connais en vietnamien. Ce sont les seules expressions que je suis capable d'employer correctement, elles sont d'ailleurs d'une exceptionnelle grossièreté. Le garde ne me tire plus dessus et nous ouvre la porte. Je lui dis qu'il tire mal, mais qu'il fait bien son travail, et je lui souhaite bonne garde. J'ai connu quelques camarades qui se sont fait tuer en pratiquant ce stupide exercice, mais les velléités d'inspection du directeur sont désormais calmées.

Sur le plan opérationnel, le directeur partage mes vues. À une garde statique et frileuse qui n'est pas dans son tempérament, il préfère que j'aille chasser à plus de vingt kilomètres au nord, créant pour les

Viets une vaste zone d'insécurité, quitte à risquer sans rechigner la peau de mes hommes et accessoirement la mienne. Le directeur de la plantation connaît bien le pays, il sait que c'est la seule méthode efficace et, au bout du compte, la moins onéreuse en vies humaines.

Vers la fin de mon séjour, mon caractère ne s'améliore pas, celui du planteur non plus, qui a de gros ennuis avec son conseil d'administration. Un matin arrive au poste Connor, célèbre planteur avec qui le mien est en cheville depuis quelque temps. Connor possède en propre une plantation d'hévéas et la gère d'une main de fer, tuant de sa main tous ceux qui pactisent de près ou de loin avec les Viets. Depuis un certain temps, mon planteur me bassine avec ces histoires. Il trouve la méthode excellente, bien meilleure que mon respect désuet de la vie de modestes suspects. Je ne prête guère attention à ses élucubrations jusqu'au jour où Connor débarque, portant ostensiblement à la ceinture deux revolvers impressionnants. Nous sommes debout, non loin de l'entrée du poste, et le premier contact est assez froid. Connor me parle comme à un gamin inexpérimenté. Il m'annonce que mon planteur lui a donné le commandement de tous les partisans appartenant en propre à la plantation, il va s'en occuper séance tenante et je ferais bien de venir voir comment il opère, cela m'apprendra la bonne méthode avec mon commando, qui ne vaut guère mieux.

Il sort de sa poche une liste de sept noms de partisans qui trahissent. Il va leur brûler la cervelle séance tenante devant leurs camarades rassemblés. J'étudie la liste. Il est bien renseigné, par mon planteur probablement. Parmi les sept, il y a effectivement quelques types plus que suspects. Je lui demande si tuer un homme le gêne : non, ça ne le gêne pas. Alors, nous sommes faits pour nous entendre parce que moi, je suis comme lui, ça ne me fait ni chaud ni froid. Lorsqu'il aura tué ces salopards, moi, à mon tour, je le tuerai pour être venu mettre du désordre chez moi. Il me demande si, pour moi, tuer un Blanc ou un Jaune est la même chose. Oui, exactement la même chose.

Il tourne les talons et s'en va. Il ne dit même pas que je lui paierai ça. Peut-être suis-je remonté d'un cran dans son estime. À midi, je raconte l'entrevue au directeur, sur le ton d'une bien agréable plaisanterie. Gêné, il ne fait pas de commentaire.

Moins de deux ans plus tard, Connor sera assassiné par les Viets. Il n'a jamais pactisé, j'ai de l'estime pour lui.

8.
Les animaux

Le climat de la Cochinchine est fait pour que vivent et se multiplient tous les animaux possibles et plus ils sont petits, plus ils sont encombrants. J'aime ce climat lénifiant, jamais trop chaud, le soleil est rare, et jamais froid. Si j'ai bonne mémoire, la température oscille entre 27 et 34 degrés. Quoi de plus merveilleux que partir pour deux jours en opération avec sur soi une chemise et un pantalon, et dans la poche deux poignées de crevettes séchées ? Certains camarades supportent si mal cette chaleur humide qu'il faut les rapatrier. Elle me plaît mieux que n'importe quelle autre, bien qu'elle ruine lentement et sûrement la plupart des santés. Il suffit de respecter quelques précautions élémentaires : porter un chapeau et des lunettes de soleil. Malgré les nuages, on a facilement les yeux brûlés. Quand on marche dans l'eau, la réverbération provoque des coups de soleil sous le menton, mais personne ne porte de mentonnière.

Les plus connus et les plus féroces animaux de Cochinchine ne sont pas visibles : les amibes pullulent dans l'eau, rongent les intestins et parfois le foie, circonstance nettement aggravante. Je bois quand même l'eau de la rizière quand je ne peux résister à la soif. On recueille soigneusement l'eau tout en surface, elle est censée être purifiée par le soleil. Les médecins ne croient pas à cette plaisanterie.

Les moustiques sont étonnamment agressifs. Les moustiquaires en protègent très bien. En opération, il y a le *repellan,* qui brûle la peau et n'est efficace que quelques heures. Je m'en colle toutes les deux heures et suis quand même bouffé. Au petit jour, je ne reconnais aucun de mes *nha-qués*, leur visage gonflé ressemble à une citrouille. Après un quart d'heure de marche, ils reprennent figure humaine. Bien entendu, tout le monde est paludéen.

Dans la forêt, une expérience à ne pas manquer consiste à se cogner à un nid de grosses fourmis rouges, qui assemblent des feuilles de manière à se fabriquer une maison grosse comme un ballon de rugby. Quand elles vous tombent dessus, il faut se déshabiller complètement, et vite : elles ne piquent pas, mais chacune arrache un petit morceau de chair avec ses mandibules, de quoi devenir fou de douleur en cinq minutes. Il y a d'autres sensations aussi délicieuses et plus durables, comme les tarentules ou les scolopendres. Leur contact ne s'oublie pas pendant quinze jours au moins. Les scorpions, en tout cas ceux que j'ai vus, sont assez gros, font mal mais ne sont pas mortels.

Les sangsues sont répugnantes. Si on les arrache, elles laissent une blessure qui ne guérit pas et s'infecte. Il y a deux solutions : les brûler avec une cigarette ou trouver un *gno*, un gosse vietnamien ; ils sont d'une adresse diabolique, passent leur ongle sous la bouche de la sangsue et l'enlèvent sans mal. Mais dans le coin où je travaille, il n'y a jamais de *gno*, heureusement.

Les crapauds-buffles beuglent avec une puissance ahurissante, les takos sont de gros lézards qui méritent bien leur nom. En embuscade, ils sont assez énervants.

Le poste* est bien pourvu en animaux prétendus domestiques. Les sous-officiers ont adopté un singe mal élevé qui chipe les bouteilles et boit comme un trou. Quand il est ivre, il devient passablement humain. La femme du planteur possède une dizaine de chiens peu attirants. Un jour où son mari a invité mes sous-officiers à boire un verre, elle nous déclare qu'elle préférerait voir morts dix de mes partisans* plutôt qu'un seul de ses chiens. Je la connais et je la plains, je ne relève même pas la réflexion, destinée probablement à faire sortir son mari de ses gonds. Nous prenons congé poliment et, une demi-heure plus tard, coup de téléphone affolé du planteur. Trois des chiens sont allongés sur le perron, chacun une balle dans la tête. Le planteur me dit que sa femme est couchée avec une crise de nerfs, il exige des sanctions exemplaires à l'égard de mes sous-officiers, faute de quoi il prendra lui-même l'affaire en main. Je lui conseille d'aller dire à sa femme de se calmer et de réserver ses réflexions stupides à moi seul, elles me sont indifférentes. Il n'y aura aucune sanction, il doit comprendre que ce pourrait être l'arrêt de mort des autres chiens. J'engueule mes sous-officiers, qui n'ont pas l'air bourrelés de remords.

La femme du planteur a aussi une loutre, animal charmant mais peu domestiqué qui s'est pris pour moi d'un amour délirant. Dès qu'elle m'aperçoit, elle se jette dans mes bras, surtout si je suis habillé proprement et qu'elle sort d'un caniveau d'eau croupie. Elle pique des colères étonnantes et un jour essaie, en bondissant le plus haut possible, de me crever les yeux avec ses pattes avant qui sont de redoutables petites mains. Dans ces cas-là, mieux vaut une digne retraite. Elle mange des poissons vivants en les tenant dans ses mains et en commençant par le fin bout de la queue. Elle arrête de manger quand le poisson ne se débat plus.

Un après-midi, le planteur me téléphone que la loutre s'est sauvée. On l'a vue partir vers le sud. Il me demande de l'aider à la retrouver : moi seul ai le droit de me déplacer où je veux et quand je veux, avec ou sans escorte. J'accepte, par fidélité à la loutre et pour me faire pardonner le coup des chiens. Je monte dans la jeep du planteur, qui conduit à la manière habituelle des planteurs, l'accélérateur au plancher. J'ai mon pistolet, Thiep est derrière avec sa carabine. Vers le sud, ce n'est guère dangereux. J'espère ne pas aller jusqu'au poste de mon ami marocain, le lieutenant Larbi : venir y chercher une loutre après une jeune Cambodgienne me gênerait beaucoup. Heureusement, nous trouvons la loutre dans un petit poste bien avant. Elle se jette dans mes bras. Aiguillonné par le succès et le danger, le planteur repart plus vite encore qu'à l'aller : les routes de latérite forment ce qu'on appelle de la tôle ondulée. On ne peut y rouler confortablement qu'à vingt ou à cent à l'heure. Lui, c'est cent. La loutre s'arrache à mon étreinte et disparaît dans le nuage de poussière de latérite soulevé par la jeep. Nous la retrouvons au milieu de la route, nous appelant, folle de rage. Je la reprends dans mes bras. Elle me plante amoureusement les dents dans le biceps. Je la laisse faire, ça l'occupe jusqu'à notre retour.

Dans un poste précédent, j'ai connu une expérience aussi intéressante mais moins excitante. Arrivant avec mon peloton blindé dans un poste de Légion commandé par un brillant lieutenant, celui-ci m'a donné une chambre assez luxueuse, du moins pour le coin. Vers une heure du matin, j'ai entendu ronfler sous mon lit. Jugeant que ce n'était pas un Viet, j'ai pensé qu'un légionnaire cuvait sa cuite et que je me ridiculiserais si je le faisais évacuer en pleine nuit. J'ai dormi du sommeil du juste et, au réveil, j'ai regardé sous le lit où se reposait un très beau python. Un peu surpris, j'en ai parlé au lieutenant, qui m'a dit qu'effectivement il avait négligé de m'avertir que c'était la chambre du python du poste. J'ai entretenu avec ce serpent des relations froides, mais correctes.

Les buffles me procurent des sentiments mélangés. En général, ils détestent les Blancs et les chargent à la première occasion. On ne les arrête pas d'un coup de fusil. Ils supportent à peu près leur poids de projectiles avant de s'effondrer. Ils constituent pour moi une source de revenus considérable : dans la zone interdite qui m'est impartie, ils sont nombreux, sans que je puisse savoir lesquels appartiennent à des Viets et lesquels à des caodaïstes*… Quatre ou cinq Cambodgiens, chez moi, sont capables de les amadouer. Les autres ont, à juste titre, aussi peur que moi d'être chargés, à cause, dit-on, de l'odeur du savon que les buffles détestent. Mes spécialistes repèrent ceux qui ont une corde passée dans les naseaux, s'en approchent, montent sur leur dos et, dès lors, les dirigent sans difficulté. Le reste du troupeau suit. De part et d'autre, à deux ou trois cents mètres, nous trottons à leur allure pour les protéger du harcèlement des Viets qui tentent de récupérer leur bien. Le spectacle fait vaguement penser à la protection d'un convoi en haute mer contre les sous-marins. Au poste, je mets les buffles au vert sur le terrain d'aviation en attendant qu'un marchand de bestiaux ose me les acheter. Comme mes prix sont bas, il y en a toujours un qui finit par faire l'affaire, après avoir, je suppose, payé l'impôt au Viet-minh, ou aux caodaïstes, ou aux deux.

Une nuit d'opération, alors que nous sommes partis depuis une heure, j'entends dans le taillis un hurlement extraordinaire à une dizaine de mètres, un bruit qui ne ressemble à rien de connu. Tout le monde est accroupi, silencieux et terrifié, il y a un fracas de branches cassées, puis plus rien. Je demande à mon voisin ce que c'est, il murmure quelque chose comme *ong tap*. N'y comprenant rien, je donne l'ordre de reprendre la progression. Au jour, quand nous faisons une pause, je demande à Rong de quoi il s'agissait.

C'est le seigneur tigre. Le pauvre vieux, ne pouvant plus chasser avec succès, s'approche des villages pour manger un enfant ou une vieille dame. Il trace dans la brousse, sans aucune précaution, des pistes de branches cassées, y laissant une odeur pestilentielle. Un mois ou deux après notre rencontre, il est entré dans un poste voisin. Il devait avoir vraiment faim. Ils l'ont tué à la mitrailleuse, un massacre.

9.
Le corps médical

Je pourrais intituler ce chapitre le service de santé, mais cela donnerait une idée trop optimiste de la situation en Cochinchine. Dans ce pays de cocagne, on a rarement la santé. La vie est rythmée par les blessures, assez rares, et par les maladies, fréquentes, aux effets souvent lents, sournois et définitifs. Contrairement aux idées reçues, les Jaunes ne sont pas mieux lotis que les Blancs et meurent jeunes.

En fait, sinon en droit, j'appartiens au corps médical : c'est moi qui soigne les partisans*, avec l'aide de celui que j'ai intronisé infirmier. Que je n'y connaisse rien n'a guère d'importance, on me demande de soigner, pas de guérir. Mes premières armes ne sont pas brillantes. Mes sous-officiers ont inventé d'aguerrir les nouveaux en les faisant ramper pendant qu'ils lancent des grenades à proximité. En principe, ce n'est pas dangereux et rendra moins affolant leur premier accrochage. Un jeune Cambodgien prend un éclat dans la cuisse. Ça m'ennuie de l'envoyer à Tay-Ninh. À cette époque, je ne sais pas encore que j'ai tous les droits. Mon infirmier me dit qu'il peut fort bien enlever l'éclat. Tout le monde part pour l'infirmerie en rigolant, y compris le blessé. On l'assoit, il comprime lui-même sa cuisse pendant que l'autre écarte délicatement les fibres musculaires pour extraire, sans trop de casse, un éclat de tôle mince et tout contourné. Je me sens doucement tomber dans les pommes : je peux ramasser sans écœurement des restes humains déchiquetés, mais je ne peux regarder soigner une écorchure. Je sors dignement, les autres s'amusent trop pour me remarquer, et je vais m'envoyer une solide rasade de cognac, d'ailleurs frelaté.

Peu de temps après, un partisan vient me trouver, blême, pleurant de souffrance. Il dit que son cœur le lâche. À tout hasard, je prescris du solucamphre, dont j'ai découvert l'existence peu de temps auparavant. Sur ce, le médecin-chef du sous-secteur arrive au poste*, fait rarissime. Quand je luis soumets le cas, il se récrie qu'il est venu boire un cognac-soda, pas soigner mes *nha-qués*. Je suis ferme : pas de consultation, pas de cognac. Au premier coup d'œil, il livre son diagnostic : une crise de paludisme, la rate gonflée gêne le fonctionnement du cœur. Une grosse dose de quinine va remettre les choses en place en quelques heures. Depuis, je constaterai que ce phénomène est endémique. J'ai vu un homme mourir en cinq secondes, pour un coup de coude anodin sur une rate qui a éclaté comme un fruit mûr.

Une nuit, un Cambodgien vient me réveiller : sa femme n'arrive pas à accoucher, elle souffre depuis six heures, il faut que je vienne. Lorsque le bassin est étroit, la naissance du premier enfant est fréquemment difficile : voilà à peu près la seule chose que je connaisse sur les accouchements. En allant au village, je rumine que je ne peux pas ordonner une évacuation en pleine nuit, trop risquée, et encore moins pratiquer moi-même une césarienne, dont je n'ai entendu parler que dans l'histoire romaine. La case est bondée de femmes silencieuses qui regardent un lit de bambou vide. Je demande la future mère, on me désigne une petite mignonne, pas bien ample, elle aussi debout, regardant tristement le lit. Je suppose que ce cérémonial tient de l'incantation magique. Je regarde moi aussi le lit un bout de temps, puis, me jugeant ridicule et inutile, je pars me coucher sur la pointe des pieds. Avant d'arriver à ma chambre, j'entends des coups de feu assez lointains. L'une des tours de la plantation est harcelée. Probablement des Viets qui s'ennuient ou des partisans qui pensent que les Viets s'ennuient. Je réveille mon sous-officier d'artillerie, lui commande dix coups du tir numéro neuf et regagne ma chambre. Quelques minutes plus tard, on frappe de nouveau à la porte : le père, rayonnant, m'annonce que ça a très bien marché, merci beaucoup, c'est un garçon, il a débarqué au deuxième coup de canon. Ce coup de canon assoit définitivement mon prestige médical.

Le médecin-chef a deux passions, la photographie et la chirurgie. Il est plus compétent dans la première que dans la seconde. Il n'a, bien entendu, pas le droit d'opérer les Européens, mais il s'en donne à cœur joie avec mes partisans. Un jour, il charcute l'un d'eux, qui a le pied ouvert par une grenade piégée. La plaie se referme très bien, mais le partisan ne peut plus poser le pied par terre. Je me décide à l'envoyer à l'hôpital 415 à Saigon. Le médecin-chef a oublié, sous la plante du pied, un éclat plus gros qu'une pièce de monnaie. Je reçois les furieuses remarques du chirurgien, qui demande quel est le boucher qui a donné les premiers soins.

Au 415, lorsque je vais visiter un de mes hommes, je suis souvent obligé d'enjamber les blessés allongés sur des brancards dans les couloirs. La plupart arrivent par avion du Tonkin, où la casse dépasse les capacités hospitalières de Hanoï. J'y envoie mes blessés de ma propre autorité, sans demander l'autorisation de quiconque. On raconte qu'un chef de bataillon viet-minh a découvert cette simplification administrative. Il s'est fait faire un cachet de commando et fait soigner à l'hôpital ses hommes ; ils sont bien traités, partent en convalescence au Cap Saint-

Jacques, touchent une solde, puis regagnent leur bataillon.

Ma confiance dans le médecin-chef est modeste. Comme tout le monde, j'ai attrapé le paludisme, que je soigne à la quinine ou avec des grogs carabinés fabriqués par Tai. J'ai bien sûr des amibes, qu'on traite à l'émétine-strychnine. Le bruit court que ce traitement rend un peu fou, mais il y a tant d'autres méthodes pour le devenir. Il m'arrive un ennui un peu plus grave : les efforts physiques et une continuelle tension nerveuse finissent par m'user un peu et je cesse de dormir. Les nuits que je ne passe pas sur le terrain sont occupées à errer dans le poste, ce qui fait régner une crainte salutaire mais ne repose pas. Je sais que, si je vais voir le médecin, il me conseillera en ricanant de prendre une femme ou de l'alcool. Quand je suis au bout du rouleau, j'en parle au planteur, qui tient à moi malgré nos conflits. Il commence par me proposer de me mettre à l'opium, à dose raisonnable, une dizaine de pipes par semaine au plus. Il me procurera gratuitement tout ce qu'il faut. J'ai eu l'occasion de voir le résultat final sur pas mal de gens et je décline cette offre alléchante, d'autant plus alléchante que les effets initiaux de l'opium sont en général excellents. Il me révèle alors qu'il est au mieux avec l'adjoint du médecin général commandant le service de santé. Par l'intermédiaire de ce puissant personnage, il m'obtient un rendez-vous avec le médecin consultant pour l'Indochine, professeur tenu pour la sommité médicale du territoire. Celui-ci me reçoit aimablement, sans paraître se formaliser du circuit utilisé. C'est un grand gaillard, aux gestes lents, jeune, avec des cheveux gris et une tête de mort posée sur son bureau. Je lui explique que je ne suis pas malade, simplement au bout du rouleau. Il me demande combien de temps je veux durer. Comme j'ai l'intention de prolonger mon séjour, je demande un an. D'accord, il va me donner un an, mais ensuite je paierai d'une autre année de grande fatigue. C'est le pacte de Faust, mais à temps limité. Je repars avec des coffrets d'ampoules intraveineuses, il y a du calcium et des vitamines dont j'ai oublié le nom, rien de diabolique. Rentré au poste, j'envoie mon « infirmier » à Tay-Ninh apprendre à faire les intraveineuses, Dieu sait sur qui, et trois jours plus tard je commence le traitement. La première piqûre de calcium, il l'envoie tellement vite que je tombe dans les pommes. Il est affolé, si je meurs, il passera probablement un mauvais quart d'heure. Puis je reviens à moi et il est d'une telle adresse que deux intraveineuses par jour ne laissent aucune trace sur mes bras.

J'ai un an de jeunesse et d'inépuisables résistances physiques malgré les soucis, la fatigue, une blessure et quelques accrocs de santé. Je ne dors pas beaucoup plus, mais je n'en ai pas besoin. Et mes capacités médicales sont mises à rude épreuve : une épidémie de choléra éclate dans le poste. Personne ne me soupçonne d'être capable de sauver quelqu'un atteint de cette maladie, mais il faut que j'aille voir mourir ceux qui en sont victimes. Souvent, il s'agit d'enfants, c'est plus triste mais moins horrible : ils meurent déshydratés avant que n'apparaissent les symptômes les plus spectaculaires. Ils me regardent avec de grands yeux désolés. Le corps médical se précipite pour vacciner tout le monde et on n'en parle plus.

Quand je suis blessé à la cuisse, le médecin-chef du sous-secteur a pris encore un peu plus d'assurance et me propose de me laisser à mon poste, il me soignera sur place. Je soupçonne que le colonel ne sait pas qui envoyer dans ma maison de fous pour faire l'intérim. J'accepte avec enthousiasme. Il sonde un tout petit peu, puis colle une agrafe à l'entrée de la balle et une autre à la sortie. L'enlèvement des agrafes est tout à fait indolore : comme la gangrène commence à s'installer, elles viennent avec la viande qui est autour. Bien sûr, il n'est plus question de m'évacuer sur Saigon, les demandes d'explications seraient plus cinglantes que pour un *nha-qué*. Deux énormes injections de sérum antigangréneux arrangent nos affaires à tous les deux.

Avant la fin de mon année de jeunesse éternelle, je me sens brusquement très malade. Depuis quelques mois, je chasse les Viets autour de la montagne de Tay-Ninh avec de bons résultats mais, presque chaque fois, un partisan attrape le typhus de brousse, une maladie transmise par les tiques d'animaux sauvages. Les Asiatiques se tirent assez bien du typhus de brousse, elle est plus dangereuse pour les Européens : selon la formule consacrée, ils en meurent ou restent fous. Assez inquiet, je vais voir le médecin. Comme j'ai peu de fièvre et un pouls presque normal, il me dit gravement que je dois avoir envie de tirer un peu au flanc. Je prends mal cette supposition grotesque et il accepte de me garder deux jours à Tay-Ninh avec un traitement de quinine à haute dose : c'est le seul médicament dont il se souvienne. Le deuxième jour, c'est son adjoint qui vient me voir vers dix heures du matin. C'est un bon copain. Je lui dis que je suis en train de mourir, je le sens, et je voudrais qu'il me tire des griffes de son supérieur et de sa quinine. Il ne m'examine pas beaucoup, commande une ambulance et m'y fait charger, direction Saigon.

Quand on m'emmène, je ne peux presque plus bouger. Le chef d'escadrons adjoint monte dans l'ambulance pour me dire au revoir. Il me dit des choses très gentilles, que j'ai fait mon travail, que maintenant je vais me reposer. Ça sonne comme une oraison funèbre, et moi, je sais que je ne reviendrai plus, que tout ce que j'ai fait a été inutile, je ne peux pas répondre, ni même remuer la main, et je sens des larmes qui coulent de mes yeux. À cette époque, j'estime que pleurer en public est tout à fait inconvenant.

Dans l'ambulance surchauffée, le voyage est peu agréable mais, vers une heure de l'après-midi, l'arrivée à l'hôpital Grall à Saigon me paraît délicieuse. On me couche sur un grand lit blanc, les infirmières chuchotent qu'il faut appeler le chef du service. C'est une femme, d'après mes souvenirs jeune et jolie. Elle dit : « déshabillez-le », me regarde et fait ce seul commentaire, désabusé : « Ce n'est pas beau. » Elle me fait rhabiller, annonce qu'elle va voir le médecin consultant. Il arrive presque aussitôt. Je reconnais le professeur qui m'a proposé le pacte avec lequel je vis depuis dix mois. Je veux lui dire que j'ai encore droit à deux mois, mais je ne peux ni bouger ni parler et il ne me reconnaît sûrement pas. Il ne dit rien, personne autour de lui n'ose dire un mot. Enfin, il laisse tomber : chloromycétine, à une dose généreuse. Pour la deuxième fois, il me tire d'affaire. Je ne l'ai jamais revu.

Je passe trois semaines à Grall, sans rien manger, j'ai seulement le droit et le devoir de boire beaucoup. À deux heures du matin, on me fait avaler vingt gouttes de choramine, le typhus n'étant pas réputé bon pour le cœur. Une nuit, une infirmière me fait boire. C'est très amer. Elle me dit de boire quand même et je passe une nuit plutôt agitée. Le matin, l'infirmière-chef me demande où on a vidé la bouteille. La petite nouvelle croyait que la potion était toute préparée. Je demande ce qu'on va faire. Rien, dit l'infirmière avec bon sens, si vous deviez mourir, ce serait déjà fait.

Personne ne vient me voir, à part Tai, je n'en souffre pas, étonné d'être vivant et à peu près lucide. Je passe mes nuits assis dans la véranda, plongé dans une agréable torpeur. Une fois, un gars assez inquiétant vient s'asseoir à côté de moi. Il me demande si je suis catholique, et, précise-t-il, pratiquant. Alors, je suis son homme, il a besoin d'un conseil. Il sait qu'on veut le tuer en le faisant passer à la chambre à gaz, il ne veut pas leur donner ce plaisir et il va se suicider. Au fond du couloir, il y a un poumon d'acier, apporté là l'après-midi pour un malade de poliomyélite. Il m'explique qu'il s'agit de la chambre à gaz préparée pour lui. Comme il s'est confessé dans l'après-midi, il pense être en règle avec le ciel, mais veut en être sûr. Je lui révèle qu'on ne peut valablement se confesser d'une faute qu'on va commettre. Il me dit que ma réponse le déçoit beaucoup. Je ne tiens pas à l'énerver, je me sens assez faible et lui est plein d'une vitalité débordante. Je lui explique que l'infirmière de nuit est française, elle est sûrement une bonne catholique et lui donnera un conseil judicieux. Il est enchanté et part en dansant presque de joie. Un quart d'heure plus tard, j'entends une ambulance se ranger en bas : on le change de service. Le lendemain, l'infirmière-major me raconte qu'il s'agit d'un médecin-lieutenant qui a pris un coup de soleil en opération. Il a ensuite récupéré.

En sortant de l'hôpital, je suis envoyé au repos au Cap Saint-Jacques, pour un mois. Trois jours après mon arrivée, on m'avertit que le colonel me fait demander de rentrer d'urgence, c'est la révolution chez moi. Je pars enchanté pour Tay-Ninh, on me demande seulement de remettre de l'ordre, sans faire le moindre effort physique. Moins d'une semaine plus tard, on m'envoie en opération : même dans un petit état-major, les bureaux s'ignorent superbement entre eux. Je me demande comment ça va se passer, je n'emporte qu'un mouchoir et ma canne, Thiep se charge du reste. Ça marche très bien, le pacte tient toujours.

10.
La guerre révolutionnaire

J'ai une conscience aiguë des souffrances qu'entraîne la guerre, du mal moral qu'elle a des chances de développer chez ceux qui la font et du manichéisme primaire qui consiste à tuer tous ceux qui sont « de l'autre côté de l'eau ». Quand on vit sur le terrain, on prend mieux conscience de ces évidences que ceux qui font partie des troupes opérationnelles, plus glorieuses mais parfois aveugles.

Cela dit, je prends petit à petit conscience de l'abomination qu'est la guerre révolutionnaire menée par Ho Chi Minh, commandée par Giap* au Tonkin et par Nguyen Binh* au sud. Plus tard, je lirai de sérieuses études sur le sujet et les écrits de Lénine, Mao, Giap, en attendant ceux de Castro, Che Guevara et Régis Debray. Ils ne feront que confirmer ce que j'ai pressenti, dans le sang et dans les larmes.

Les communistes ont un but unique, instaurer la dictature du prolétariat, c'est-à-dire du parti, une méthode éprouvée qui, à l'époque, n'a guère connu d'échec. Au début, il s'agit de « conscientiser » les masses. D'abord par des moyens légaux, en utilisant les ressorts du nationalisme, de la xénophobie, les tares ou les vices réels du pouvoir en place. Puis les élites sont discréditées, jugées par des tribunaux « populaires », et souvent massacrées dans des conditions horribles, selon des critères mûrement réfléchis. Ceux qui y passent les premiers sont les meilleurs et les plus proches des pauvres. Les autres pactisent pour survivre. La population est organisée, prise en main et « éduquée ». Comme les nouveaux maîtres vivent pauvrement et partagent ses souffrances, elle finit par admettre comme inéluctable une emprise fondée sur la terreur et la promesse de lendemains qui chantent. La hiérarchie est maintenant mise en place et étonnamment paperassière. Les filières du parti, de l'administration et de l'armée sont distinctes et se surveillent étroitement, le parti restant l'élément prépondérant. La moindre opération au nord m'a permis de récupérer une foule de documents : il ne s'agit nullement d'une société secrète, mais d'un pouvoir qui étale sa puissance au grand jour, sans que nous le prenions suffisamment au sérieux.

Ensuite vient la formation de petites bandes d'irréguliers qui terrorisent et tiennent la campagne, puis d'unités régulières, jusqu'à la constitution d'une puissante armée. Giap, avec l'aide des Chinois, mènera le processus à son terme au Tonkin. En Cochinchine, Nguyen Binh, Tonkinois lui aussi, génial et sanguinaire, connaît une phase de régression qui ne cessera plus. Ayant perdu la plaine des Joncs et son grenier à riz, il cherche à se rétablir dans les forêts loin au nord de Tay-Ninh. Le double jeu des caodaïstes* ne lui plaît pas plus qu'à nous. À cette époque, un bataillon de réguliers, des *chu-lucs**, enlève un poste* de caodaïstes et empale hommes, femmes et enfants sur les bambous censés assurer la défense. Peu après, lorsque plusieurs bataillons lancent une offensive d'envergure, le premier objectif, un gros poste caodaïste, présente une résistance héroïque et désespérée : autant mourir en combattant qu'être empalé. L'offensive échoue dans l'œuf et l'aveugle férocité des Viets se retourne contre eux.

Tout cela, personne ne me l'a enseigné et, à l'époque, personne ou presque ne le sait en France. L'intelligentsia, toujours en retard d'une idéologie, adule les communistes et les chrétiens progressistes tiennent le corps expéditionnaire pour d'abominables colonialistes. Un an plus tard, la mort de Staline donnera l'occasion d'une sinistre bouffonnerie hautement symbolique : l'armée reçoit l'ordre de mettre les couleurs en berne pendant plusieurs jours en l'honneur du petit père des peuples, que la plupart des grandes consciences tiennent encore à cette époque pour le sauveur du monde. Heureusement, nous savions que certains ordres ne sont pas faits pour être exécutés. Mais celui-ci est arrivé à ses destinataires, et je le regrette.

À l'époque, je suis totalement ignorant, mais du moins je sais que je le suis. Quelques mois auparavant, au cours d'une patrouille, je suis entré dans un village d'où toute la population avait fui. Restait seulement un vieillard, ancien adjudant-chef de la coloniale. Il m'a montré ses décorations et m'a dit gentiment que nous allions perdre la guerre si nous continuions à nous conduire aussi bêtement et aveuglément. Je lui ai demandé pourquoi les Viets ne le tuaient pas. Il m'a dit qu'ils ne touchaient pas aux vieillards, qui ne les gênaient pas. Ils devaient lui confisquer sa retraite. Dès l'abord, en arrivant au poste, je suis persuadé de la justesse de son diagnostic. D'ailleurs, dans ce pays, les vieux ont toujours raison. Le renseignement est donc mon souci essentiel, mais je suis nul sur le plan technique, en quoi je ne constitue pas une exception.

Malgré mon incompétence, je ne tarde pas à découvrir que la trahison s'est infiltrée partout, à tous les niveaux. Le pire des contresens serait d'en conclure que les Jaunes jouent toujours le double jeu. Ceux qui m'ont servi ont été d'une grande loyauté, à quelques incartades près, sans véritable portée. Mais sous la menace omniprésente et mortelle des réseaux viets, on est bien obligé de biaiser un peu.

En matière de trahison, la ville de Tay-Ninh est un étonnant bouillon de culture, probablement le plus riche en Cochinchine après Saigon, qui est un monde à elle seule. Il y a plusieurs services français, locaux ou centraux, dont les agents s'entre-tuent au besoin, les services caodaïstes, loyalistes et rebelles, tantôt alliés, tantôt ennemis, et le Viet-minh, dont je ne suis pas sûr qu'il soit monolithique dans cette jungle. Les renseignements que j'envoie ne sont jamais exploités. Mais je découvre que les ordres que je reçois sont piégés, le service de renseignements local est une passoire. Un jour, dans le cadre d'une grande opération, on m'ordonne de battre l'estrade dans mon sous-quartier. L'idée est raisonnable : on peut toujours espérer intercepter une bande rejetée de son milieu naturel. On me fixe exactement l'horaire et l'itinéraire à prendre. Je ne me souviens plus pourquoi une telle précision m'a paru suspecte. Je respecte l'horaire, mais je prends, à l'aller, une autre route, que je n'utilise jamais parce qu'elle est longue et incommode. Au retour, je passe par la « rue sans joie », la piste habituelle, itinéraire fixé pour la mise en place. Je trouve des trous d'homme tout frais, bien camouflés, de quoi monter une excellente embuscade. Cette heureuse découverte me rend circonspect : je ne rendrai plus compte à l'avance de mes intentions réelles, en fait je ne rendrai plus compte à personne.

Le poste, à lui seul, est un monstre incontrôlable. Les cadres autochtones et la nuée d'ouvriers et de saigneuses d'hévéas sont l'objet de pressions viet-minhs auxquelles ils peuvent difficilement échapper, sous peine de mort. Ils sont rançonnés et ils renseignent. La centaine de partisans* de plantation ne vaut guère mieux. Bien entendu, mon commando est contaminé, heureusement je ne le découvre que lorsque je suis passablement blasé.

Je l'ai dit, je n'ai avec moi aucun interprète capable de m'aider à dominer la situation. Le vieux Niem est trop vieux, trop méprisant pour me rendre service dans ce domaine. Dan Song traduit fidèlement, mais il est jeune, inexpérimenté et pas vraiment sûr.

Tout change lorsque le planteur me trouve Tran Ha Tai. Lui est un vrai professionnel qui sait que la bêtise est la pire des fautes. Comme il connaît parfaitement la structure du pouvoir viet-minh, il remonte aisément les filières à partir d'un seul prisonnier ou d'un indicateur. Il ne pratique aucune pression physique. Je suppose que le côté immoral de la torture ne l'effleure pas, mais il sait qu'il s'agit d'une méthode grossière, fruste et peu efficace. Il prend son temps. Lorsque nous rentrons d'opération, il emmène le prisonnier qui en vaut la peine dans un des bistrots du poste. Assis devant un verre de bière tiède, ils discutent des heures, parfois toute la nuit, parfois le jour suivant. Il parle gentiment de tous les Viets qu'il connaît, il dévoile peu à peu qu'il sait déjà tout et l'autre craque. Naturellement, il ne faut pas être pressé, les Jaunes ne sont pas pressés.

Je sais fort bien que j'outrepasse mes droits théoriques et que le renseignement n'est pas de mon ressort. Je devrais envoyer tous mes suspects au sous-secteur, mais j'ai fini par découvrir que les prisonniers que j'y expédie sont libérés d'autant plus vite qu'ils sont importants, et je connais le traître vietnamien infiltré dans le service de renseignements. Je me sens assez seul pour mener un obscur combat sans gloire.

J'ai, peu de temps après, la preuve éclatante de la duplicité du sous-secteur. Dans ma candeur, j'arrête le secrétaire de la plantation, le plus important Vietnamien du coin, parce que je découvre qu'il est chargé de la collecte des fonds pour le Viet-minh. Je l'arrête en plein accord avec le planteur, qui est original mais ne joue pas double jeu. Le secrétaire avoue tout ce qu'on veut. Je ne me serais pas mêlé de l'interrogatoire, ce n'est pas mon travail, malheureusement les instincts féodaux du planteur l'ont poussé à y participer d'un peu trop près. J'envoie l'homme au sous-secteur. Il est relâché dans les vingt-quatre heures avec des excuses, se rend à Saigon sans attendre et y mène auprès des autorités vietnamiennes et françaises une campagne résolue pour me faire relever de mon commandement. À tort ou à raison, je n'ai pas l'impression d'être soutenu par ma hiérarchie et je vois l'avenir sous un jour assez sombre. Le planteur a parmi ses puissantes relations Nguyên Van Tam, alors patron de la Cochinchine, avant de devenir Premier ministre de Bao Daï*. Tam le reçoit aimablement, écoute l'histoire patiemment et finit par demander : « Mais enfin, pourquoi votre jeune lieutenant n'a-t-il pas tué cet homme ? » Il lève les bras au ciel quand il apprend que ce n'est pas ma méthode habituelle, mais me couvre de sa haute protection et tout rentre dans l'ordre.

Puis Tai découvre que certains partisans vendent des cartouches aux Viets pour arrondir leurs fins de mois. Le fil conducteur part d'une jeune femme, celle que j'étais en train d'interroger quand mon capitaine est passé me voir : quand l'affaire est interne au commando, il ne s'agit plus d'un problème de renseignement, mais de commandement, et c'est moi qui interroge. Sans difficulté, elle désigne un partisan cambodgien, un beau gaillard dont le père sert également au commando comme caporal. Je convoque le père et le fils. Celui-ci, devant son père silencieux et consterné, se récrie en protestant de sa bonne foi et de sa fidélité. Il s'effondre dès que j'annonce que je vais le secouer moi-même : une telle menace sort de ses catégories mentales. Je le condamne au sort le plus infamant : il est enfermé avec les prisonniers viets, les Pims, et exécute avec eux les corvées les plus rebutantes. Plus tard, je lui redonne sa place au commando : le temps efface tout.

Les Pims, d'ailleurs, font un peu partie de la famille. Quand j'ai découvert que le service de renseignements du sous-secteur menait son étrange politique, je n'y ai plus envoyé de prisonniers, en attendant que la situation soit assainie. Chez moi, le menu fretin est libéré assez vite, le reste condamné à deux ou trois mois de prison, au bout desquels certains s'engagent au commando et font de bons partisans. Naturellement, je n'ai pas, légalement, le droit de garder de prisonniers. Un jour, on vient m'avertir qu'une belle voiture attend à l'entrée du poste. Heureusement, les sentinelles ne laissent entrer personne. Je sors et rencontre un Vietnamien élégant et policé. Il me dit qu'il est procureur à Saigon et vient vérifier que mes prisonniers sont bien traités. Je lui fais remarquer que je n'ai pas de prisonnier, il sait forcément que je n'ai pas le droit d'en avoir. À ce moment, avec un tact qui les honore, les partisans du poste de garde font sortir en file indienne, soigneusement encordés, huit hommes partant pour une quelconque corvée. Le procureur les regarde passer pensivement et me dit : « Ainsi, vous n'avez aucun prisonnier ? » Non, je n'en ai aucun. Il repart en s'excusant, il a été mal renseigné.

Petit à petit, je sais une foule de choses, et je commence aussi à savoir ce qu'il est opportun de garder pour moi et ce que je dois transmettre parce que cela dépasse mon niveau. Pourtant, je commets une fatale imprudence quand Tai me révèle que le Vietnamien chargé du renseignement au niveau du secteur est un traître. Cet homme puissant est à cette époque le passage obligé de toute information importante. Je transmets le renseignement tel quel et, bien entendu, il n'est pas pris au sérieux. Comme Tai sait que je suis en fin de séjour, il comprend que ses jours sont comptés et me demande de l'emmener avec moi en France, puisqu'il a été maître d'hôtel dans sa jeunesse. Hélas, les lieutenants n'ont plus de maître d'hôtel, je le lui explique, mais je le regrette encore.

Les conséquences de mon ultime naïveté ne se font pas attendre. Lorsque, peu de temps après, je tombe malade, je reste de longs jours à l'hôpital Grall sans aucune nouvelle de qui que ce soit. Puis, un matin, vers onze heures, je trouve Tai au pied de mon lit. Il a perdu son calme habituel et me fait un curieux récit. La veille au soir, un de mes sous-officiers est rentré au poste, rapportant de Tay-Ninh une bien étrange information : au mess des sous-officiers, il a appris que deux automitrailleuses devaient se rendre à mon poste au petit matin pour arrêter Tai. Celui-ci, sachant bien qu'on ne le reverra pas vivant, quitte le poste en pleine nuit, fait vingt kilomètres à pied pour rejoindre la grande route de Saigon et, au jour, emprunte un car chinois pour venir à l'hôpital me demander ma protection. Je lui fais remarquer que je peux à peine bouger et n'ai de contact avec personne au monde. Il me dit qu'il a suffisamment de relations, il demande seulement une attestation. Alors, sur un mauvais papier, j'écris : « Moi, lieutenant commandant tel sous-quartier, je prends la responsabilité des activités du sergent Tran Ha Tai de telle date à telle date », et je signe. Il part enchanté et me dit que personne n'osera le toucher, il sait qui aller trouver avec ce talisman.

Peu de temps après, le Vietnamien que j'ai dénoncé disparaît mystérieusement. Les renseignements font parfois leur chemin.

Quatre mois après mon retour en France, je reçois une gentille lettre d'un camarade que je ne connais pas, qui sert dans un autre régiment. Il m'écrit que Tai, après mon rapatriement, est allé servir sous ses ordres. Il a été tué dans une embuscade. Dans ses papiers, il avait des lettres de moi.

11.

Les caodaïstes

Mon sous-quartier est limitrophe du domaine des caodaïstes* et je constate, peu de temps après ma prise de commandement, que ceux-ci me considèrent comme un vassal qui ne doit être ni trop curieux, ni trop entreprenant. Les caodaïstes appartiennent à une secte originale fondée vers 1920 par un franc-maçon déiste. L'être suprême, Cao Dai, est entouré de prophètes aussi distingués que Bouddha, Confucius, le Christ, Mahomet, Sun Yat-sen, Jeanne d'Arc, Victor Hugo et Flammarion. Sous l'autorité de son chef, Pham Cong Tac, cette étrange religion a ses cardinaux, ses évêques et ses prêtres. Son rayonnement moral est notablement renforcé par une bonne armée, bien organisée, et des méthodes de terreur assez semblables à celles des Viets. Après avoir cru un moment devenir les maîtres de la Cochinchine, les caodaïstes voient leur pouvoir décroître lentement, et le général Chanson* y veille attentivement. Ils n'admettent pas cette diminution de leur influence.

Au début, je suis tout disposé à m'arranger avec eux. Des lieutenants caodaïstes viennent fréquemment avec leurs hommes jouer au volley-ball, et nous allons chez eux. Tout commence à se gâter lorsque je me juge assez fort pour prétendre être le maître chez moi. Les caodaïstes vendent aux Viets, et à prix fort, du ravitaillement qui transite souvent par mes terres ; il est d'abord porté par d'innocentes femmes revenant du marché, puis par des charrettes viets. Les caodaïstes ne trahissent pas vraiment, pour eux il s'agit de faire de l'argent et tous les moyens sont bons. Avant mon arrivée, ce troc juteux se passait sans encombre, mes activités leur semblent donc une intolérable ingérence et la rupture d'un accord tacite. Sans en avoir la preuve, je soupçonne que je gêne d'autres trafics peu avouables.

Les hostilités s'ouvrent lorsque Tai me signale qu'un lieutenant caodaïste est dans le poste*, discrètement et en civil, pour récolter l'impôt. Je me le fais amener, il me dit être un pauvre coolie, et je le mets avec les prisonniers viets chargés des grosses corvées. Pendant deux jours, il supporte ce sort humiliant, sous l'œil goguenard de la population, enchantée de voir ainsi traité un percepteur. Il finit par demander à me voir et décline sa véritable identité. Je me confonds en excuses et le libère séance tenante.

Ensuite, la plantation Arnaud devient une pomme de discorde bien plus grave. Située dans mon sous-quartier et limitrophe du territoire des caodaïstes, elle n'est plus exploitée parce que trop dangereuse. Elle appartient au fameux Connor dont j'ai déjà parlé. L'histoire de la plantation Arnaud est un bel exemple des mœurs locales. Des années auparavant, Arnaud était le directeur de la plantation où est désormais installé mon poste. Ayant épousé une Annamite, il a entrepris de planter sa propre plantation à côté de celle qu'il dirigeait. Il a une méthode bien à lui pour s'attacher ses ouvriers. Sa femme ouvre une maison de jeu où les gens ont le droit de venir à longueur de nuit. Le jour de la paye, il distribue l'argent à une table et sa femme, installée à la table voisine, le reprend, à titre de dette de jeu. Les Arnaud nourrissent tout leur monde gratuitement. Lorsqu'ils seront assassinés par des bandits sur la route de Saigon, leurs ouvriers reconnaissants édifieront en leur honneur un beau mausolée dans la plantation. Une des filles d'Arnaud est la mère de mon célèbre planteur Connor, qui a donc hérité de cette plantation. Lorsqu'il constate que je suis à peu près le maître chez moi, il persuade mon directeur de reprendre l'exploitation et tout se passe convenablement, à la fureur des caodaïstes qui maintenaient la plantation à l'abandon depuis des années, dans le but probable de se l'adjuger un jour.

Puis un puissant féodal caodaïste, Trinh Minh The, part en dissidencc, tout en restant plus ou moins en cheville avec ses chefs et en fricotant avec les Viets. La garnison du gros poste caodaïste situé dans mon sous-quartier déserte en bloc pour le rejoindre. Des opérations sont montées contre le rebelle. Comme elles sont menées conjointement avec les troupes caodaïstes dites loyalistes, elles échouent régulièrement. Je participe à l'une d'entre elles. On me l'a demandé. Utilisant l'étonnante rapidité de mon commando pour progresser au petit trot, je ne tarde pas à être à moins d'un kilomètre d'un fort parti du dissident The, que je décide d'attaquer dans la joie, pour une fois épaulé par plusieurs bataillons. À ce moment, sur ma droite, éclate un feu nourri, depuis une cocoteraie située à moins de cinq cents mètres. Tout le monde se couche et je riposte au mortier de 60, qui provoque la sortie d'un drapeau blanc, puis d'une compagnie entière de caodaïstes loyalistes, accompagnée par un lieutenant observateur d'artillerie français, écumant de rage parce que j'ai tenté de le tuer. Il prétend que j'ai de la chance de n'avoir pas dégusté de son artillerie. Je lui conseille de se calmer. Évidemment, Trinh Minh The a profité de l'incident pour disparaître. C'était le but de l'accrochage, faire diversion, et le brave lieutenant d'artillerie n'y a rien compris.

Le commandant de la compagnie caodaïste arrive, revolver au poing. Je ne peux faire moins que de sortir le mien. La situation est bouffonne. Pendant que nous discutons peu aimablement, il fait mettre deux fusils-mitrailleurs en batterie à bout portant sur moi et, sans ordre de ma part, mes hommes en font autant à son égard. La conversation se termine lorsque je lâche, par inadvertance, un coup de pistolet entre ses jambes. Il le prend pour un coup de semonce, fait demi-tour et disparaît avec ses hommes. Il a rempli le rôle que ses chefs lui avaient assigné.

Quelque temps plus tard, deux de mes hommes, des Cambodgiens, partent en permission. Ils sont en uniforme, ce qui les rend intouchables. La route qui va à Tay-Ninh passe devant ce qu'on appelle ici « le Vatican », un énorme temple caodaïste, cerné de bâtiments administratifs et militaires. Des soldats arrêtent le « car chinois » devant le temple, font descendre mes deux Cambodgiens et les abattent dans le fossé d'une balle dans la nuque. Naturellement, je suis averti, je me précipite à Tay-Ninh pour réclamer vengeance et le commandement français me fait comprendre, gêné, que cette affaire est de mon ressort, que je n'ai qu'à la régler moi-même avec les caodaïstes.

Le lendemain, une délégation de partisans* vient me voir. Ils ont tous décidé de rendre leurs armes. Ils s'en vont, puisque je ne suis pas de taille à les défendre. Je leur explique que je ne peux pas régler une affaire aussi grave en quelques heures, qu'ils me donnent quelques jours. Ils acceptent. Personne ne peut plus rien pour moi, ni le planteur, ni le commandant de secteur. Chacun reste dans son coin, attendant la curée. Je suis le dos au mur. Comme je ne peux pas envoyer se battre des démissionnaires, je supprime les patrouilles au nord. Pour les occuper, je leur fais faire une promenade hygiénique vers le sud, dans la zone non interdite, que j'ai abandonnée au contrôle total des caodaïstes. Il est prévu d'y faire des contrôles de population, ce qui ne présente aucun intérêt. Nous progressons sans le moindre bruit dans une plantation d'hévéas non exploitée. Le sol est jonché de feuilles à longueur d'année et les quelques buissons entre les arbres nous rendent fort discrets. Nous tombons sur deux hommes en noir qui s'enfuient immédiatement. En tête sont mes meilleurs éclaireurs, des bandits aux réflexes foudroyants, du moins quand ils en ont envie. Je leur crie de me ramener les hommes pour interrogatoire. Il n'y a pas plus de quatre coups de feu, et il n'y aura pas d'interrogatoire. Chacun des fuyards a une balle dans la tête. Je les fouille moi-même. Ils ont des papiers tout à fait en règle, il s'agit d'un lieutenant et d'un adjudant caodaïste : je le fais savoir à tout le commando, je remets les papiers là où ils étaient et nous rentrons. Les partisans sont très gais, je suis un peu plus contracté.

Au compte rendu journalier envoyé par radio tous les soirs, je signale deux fuyards abattus, en indiquant l'endroit avec la plus grande exactitude. Je ne reçois aucune demande d'explication. Mes hommes jugent que, tout compte fait, je suis un grand chef. Je préfère ne révéler à personne que je ne suis pour rien dans cette application rigoureuse de la loi du talion.

Quinze jours plus tard, je reçois, par la voie hiérarchique, une lettre officielle du général Bondis, commandant la Cochinchine. Il me transmet, « pour suite à donner », copie d'une lettre attristée de Pham Cong Tac qui explique que je sape toute son œuvre de pacification. Il met en demeure le général de me relever dans les plus brefs délais, faute de quoi il prendra lui-même les mesures qui s'imposent. Cette fois, j'installe une sentinelle à ma porte la nuit et je ne vais plus à Tay-Ninh qu'avec deux hommes armés. Quand je fais des courses chez les marchands malabars, je suis suivi à un mètre par Thiep, qui garde le doigt ostensiblement posé sur la détente de sa carabine. Les malabars ne sont pas étonnés, ils ont l'habitude des règlements de compte.

Peu de temps après, Tai arrêtera un homme qui reconnaît sans difficulté qu'il est venu là pour m'assassiner. Toutefois, devant les précautions prises, il a renoncé : le prix de misère qu'on lui a proposé ne justifie en rien de prendre un tel risque. Un peu vexé d'être sous-évalué, je renvoie le tueur aux caodaïstes. Ils sont économes et jugent inutile de poursuivre la vendetta.

12.

Dieu, la vie et la mort

Nous sommes allongés au soleil, en cours d'opération, on se repose en mangeant des noix de coco. Par l'entremise de Dan Song, je demande à ceux qui m'entourent s'ils croient en Dieu. La question déchaîne des éclats de rire. Imaginons un jeune lieutenant demandant gravement à ses hommes s'ils ont encore le bonheur de croire au père Noël.

Ainsi, ils sont libres, bien plus libres que moi (« commandements de Dieu, jusqu'où rétrécirez-vous mon âme ? »). Bien vite, je découvre que leur liberté est un leurre. Eux, qui semblent indifférents à la mort, alors que j'en ai peur, et qui sont étonnamment durs au mal, ils redoutent la nuit, les fantômes, les revenants et toutes les forces obscures et invisibles contre lesquelles ils ne savent pas lutter. Pour eux, je deviens peu à peu celui qui prend le risque d'affronter les démons à leur place. On n'occupe pas la case d'un mort, mais si j'en donne l'ordre solennel, à moi le mauvais sort. Parfois, en pleine progression de nuit, les éclaireurs s'arrêtent, ils se disent perdus, ce qui me paraît absurde. Je les insulte tout bas et je pars devant, exaspéré. Je ne pense pas qu'ils aient peur, je ne saurai jamais quel démon de la nuit a voulu arrêter leur progression. Au bout de cinq minutes, ils reprennent la tête, en silence.

L'athéisme affiché de mes Annamites est d'autant plus étrange qu'ils sont capables d'une foi profonde. Je passe sur les caodaïstes*, que je n'ai jamais réussi à prendre au sérieux sur ce plan. Mais les catholiques de Cochinchine, et plus encore ceux du Tonkin, prouveront par la suite qu'ils sont capables de préférer le martyre au viol des consciences pratiqué par les communistes. Si la Troisième République ne s'était pas acharnée avec un zèle sectaire à freiner les progrès du catholicisme en Indochine, le sort de ce pays aurait probablement été moins effroyable.

Pour mes hommes, la mort est peut-être absurde, mais guère terrifiante. Elle rôde et frappe qui elle veut, quand elle veut. On tue sans raison, on meurt de même. Les enterrements sont très gais. Lorsque deux Cambodgiens disparaissent dans des circonstances tragiques, je décide de faire une belle cérémonie. Ils sont bouddhistes d'un véhicule, le grand ou le petit, je ne sais plus, en tout cas celui qui recommande l'incinération. Après une cérémonie militaire, on place les corps sur un énorme bûcher d'hévéas arrosé de gas-oil. Tout le monde rit autour du feu qui monte haut dans le ciel. L'opération est longue. Je m'absente au bout d'un certain temps et reviens quelques heures plus tard. Auprès du feu bien entretenu, le meilleur ami de l'un des deux morts surveille la longue opération. Comme je lui demande si c'est bientôt fini, il fourrage avec une longue perche, soulève quelque chose et me dit : « Il en reste encore un kilo, un kilo et demi. »

Le Têt était à l'origine une fête religieuse, mais ne l'est pas resté davantage que nos réveillons païens. Il donne lieu à de curieuses danses du dragon et au mime traditionnel du combat entre le bien et le mal. Je ne distingue pas ce qui relève d'une tradition annamite plus ou moins chinoise de ce qui est spécifiquement khmer.

Les quelques Européens qui m'entourent ont une foi en Dieu diversement répartie. Mes sous-officiers affichent une robuste indifférence, vraie ou de façade, je ne sais. Le directeur de la plantation semble agnostique et, parmi ses assistants, l'un se proclame croyant tandis que l'autre affiche un athéisme agressif. Je crois qu'il en rajoute pour exaspérer la femme du planteur, profondément croyante et assez mystique, tout en ne pratiquant plus. Leurs discussions sont homériques et passablement décousues. Un matin, vers midi, on entend une forte explosion et un des assistants du planteur arrive cinq minutes après, un peu pâle : sur une piste de la plantation, où il roulait suivant son habitude à toute allure, une forte charge télécommandée a explosé juste derrière sa jeep. L'épouse du directeur lui demande : « Alors, ça vous a fait quelque chose l'idée de mourir ? » Il se contente de me dire en ricanant que je ne fais pas mon travail.

Le dimanche, quand je peux, je vais à la messe à Tay-Ninh. Les chants sont curieux : les petites filles qui forment la chorale ont des voix si aiguës qu'elles glissent à l'ultrason. Je me confesse à des prêtres annamites, ce que pas mal de camarades ne font jamais, par un curieux réflexe raciste. Moi, je ne fais aucune différence entre un autochtone et un Blanc. Je me sentirais mieux avec celui-là qu'avec celui-ci, même sans le comprendre.

Un jour, l'aumônier général d'Indochine, le père Janson, passe faire sa tournée. Il reste quelques heures dans ce poste* perdu, grande faveur de la part de cet homme dont la charge est écrasante. Son bon sens, sa solidité et sa bonté sont réconfortants et apaisants. À table, l'assistant du planteur développe avec enthousiasme ses calembredaines et annonce que, lui et moi, avons été élevés dans le même collège. Placide, l'aumônier remarque combien une éducation similaire peut donner des résultats apparemment variés. Une semaine plus tard, le père Janson sera tué par les Viets dans une embuscade, non loin de Mytho, je crois.

Puis arrive à la plantation un ingénieur de la plantation Michelin. Il y passe trois jours avant de rejoindre la France, où il est renvoyé par ordre de De Lattre* : il est communiste et ancien capitaine des Brigades internationales. Bien entendu, ce séjour me vaudra des remarques acerbes de la sécurité militaire. Il se raconte gentiment, sans forfanteries. En Espagne, le grand chef des Brigades internationales était Marty, le mutin de la mer Noire, qu'il tient pour un boucher inepte et sans scrupule. Il avait décidé que tout commandant de bataillon vaincu serait passé par les armes, et il commençait à mettre ce projet à exécution, si j'ose dire. Il pensait ainsi gagner la guerre. Personne, dans les Brigades, n'a plus accepté ensuite de porter quatre galons, les bataillons ont été commandés temporairement par des capitaines.

Mon ingénieur me raconte qu'il a été ensuite FTP, puis intégré comme capitaine dans l'armée régulière et envoyé en Indochine. Beaucoup ont été dans son cas et ont fait leur travail, agents dormants prêts à reprendre du service dans l'Internationale communiste. Lui, son travail, il l'a fait mieux que les autres, parce qu'il était patriote et mieux expérimenté. Les Viets le considéraient comme un renégat. Son exécution a été décidée, par Moscou disait-il. Je crois me souvenir qu'il était, à cette époque, à Mytho. Un tueur est entré dans son bureau et lui a logé sept balles de Thompson dans le ventre, sans le tuer. Le calibre de cette mitraillette est gros – 11,43 – et chaque balle fait un beau gâchis.

On l'a emmené à l'hôpital 415 à Saigon, où il s'est réveillé avec un anus artificiel. Il a remercié le chirurgien pour son beau travail et lui a annoncé qu'il allait se loger une balle dans la tête aussitôt remis sur pied. Perdu pour perdu, le chirurgien a fait une nouvelle opération et l'a remis dans le bon sens. Il n'a plus de sangle abdominale, est devenu difforme, mais semble se bien porter. Nous avons de longues et intéressantes discussions. Je n'ai pas trop de mal à relever toutes les contradictions entre son attitude idéaliste et chevaleresque et les méthodes des communistes, que je commence à connaître, et lui mieux que moi. Il en convient et rétorque que, chez moi aussi, il y a bien des contradictions entre ma foi et ma conduite ou la conduite du camp auquel j'appartiens. Donc, lui dis-je, vous aussi, vous avez la foi, différente certes, mais une foi quand même. Cela le fait un peu sortir de ses gonds : un bon communiste ne reconnaît jamais une telle attitude obscurantiste. Il est guidé vers des lendemains qui chantent par la seule dialectique marxiste, fondée sur la raison et le progrès.

Je lui apporte une contradiction très théorique, mais je rends bien mal compte de ma foi. Je le ferais peut-être plus aisément si j'étais dans une unité opérationnelle où le combat est classique, où on risque sa peau ensemble, en étant solidaire de ses camarades.

La guerre que je mène est différente. Je cours après de rares accrochages, mais le quotidien n'est que trahisons, coups fourrés, savants compromis et âpre recherche de renseignements. Je sais d'expérience que mes hommes ne sont ni meilleurs ni pires que ceux « de l'autre côté de l'eau ». Ils sont les mêmes, guidés par des instincts que tempère seule la volonté de leurs chefs. Je vois trop le mal et ma propre faiblesse pour oser dire qu'il est tout simple de croire.

Pourtant, l'Esprit saint fait cadeau d'une foi simple à ceux qui ne voient que souffrance autour d'eux et discernent le mal qui risque de triompher en eux et chez les autres. Ce n'est pas la foi du centurion de l'Écriture, cet homme posé et d'expérience, ayant étudié la religion juive, réfléchi à l'art du commandement, et capable de dire au Christ : « Moi, je suis soumis à une autorité avec des soldats sous mes ordres et je dis à l'un “va”, et il va… » Ma foi à moi, ce serait plutôt celle du larron qui sent venir la mort : « Jésus, souviens-toi de moi quand tu viendras comme roi. » Naturellement, je ne le mérite pas, mais je crois qu'il se souviendra.

ଔଔଔ

Je n'ai que deux livres de spiritualité, les *Pensées* de Pascal et le *Journal d'un curé de campagne* de Bernanos. Je suis bien incapable de me souvenir pourquoi j'ai emporté ces deux-là, en tout cas ils collent bien à mon état d'esprit du moment.

Pascal : « Quelle chimère est-ce donc que l'homme ? Juge de toutes choses, imbécile ver de terre ; dépositaire du vrai, cloaque d'incertitude et d'erreur ; gloire et rebut de l'univers. »

Bernanos : « Mon cœur est avec ceux de l'avant, mon cœur est avec ceux qui se font tuer. » Et aussi : « Je me dis aussi que la jeunesse est un don de Dieu, et comme tous les dons de Dieu, il est sans repentance. Ne sont jeunes, vraiment jeunes, que ceux qu'il a désignés pour ne pas survivre à leur jeunesse. »

Dieu, à ce moment-là, est pour moi le Christ en croix, souffrant, méconnaissable. Pascal, toujours : « J'ai versé telle goutte de sang pour toi. » Il est mort pour chacun d'entre nous, personnellement. Un jour, il viendra me chercher, et aussi chacun de mes partisans*, et les pauvres Viet-minhs qui souffrent plus que nous.

« Mais priez Dieu que tous nous veuille absoudre. »

13.
La marche vers le nord

Et la guerre d'Indochine, au milieu de tant de préoccupations, ai-je le temps de la faire ? Je l'ai faite avant, dans un bataillon opérationnel ou sur les routes, puis bien plus tard et plus loin, au Tonkin. Pour l'instant, je ne m'occupe pas de ce qui se passe hors du secteur, encore moins de ce que racontent les journaux ou de la politique gouvernementale, si elle existe. Cela vaut probablement mieux pour moi. La mission m'a été fixée, les moyens donnés, les modalités sont de mon ressort : je fais ma guerre.

Ma mission est d'interdire à âme qui vive, donc au Viet-minh, un rectangle dont la base représente environ trente kilomètres et dont les limites au nord dépendent de ma volonté ou de mes capacités. Accessoirement, je dois assurer la protection de la route qui traverse mon terrain au sud et la sécurité de la plantation qui m'héberge, moi et mes hommes. Plus accessoirement encore, je dois pouvoir me rendre avec au moins cent hommes à toute convocation. Si quelqu'un s'était donné la peine de rédiger cette mission, il aurait sûrement inversé l'ordre des priorités, mais, dans mon esprit et dans la réalité, l'ordre est celui que je viens d'indiquer. Un jour, l'un de mes supérieurs me dira que ma mission consiste seulement à patrouiller sur la route et à monter la garde. Je répondrai à ce supérieur que ce serait suicidaire, que je continuerai à n'en faire qu'à ma tête. Mes successeurs seront plus disciplinés, on me l'a raconté bien plus tard. Ils se conformeront aux ordres, à la lettre. On m'a dit aussi que le résultat avait été décevant.

Moi, comme le capitaine Hatteras de Jules Verne, je vais vers le nord, j'y suis attiré, aimanté, toujours plus loin, toujours plus vite. Il n'existe pas de carte de mon terrain de chasse, elle n'a, à ma connaissance, jamais été établie. J'en ai dessiné une, à grande échelle, dans mon bureau. J'ai converti les heures de marche en kilomètres, ce qui n'est pas facile : le terrain est coupé, alterne plantations d'hévéas, de parcours facile, rizières dites sèches, bosquets d'arbres et forêts abandonnées, devenues des jungles où la progression se fait au rythme d'un kilomètre par heure. La forêt du nord, la plus dense, est traversée par le rach Tây Ninh, affluent peu connu de la rivière de Saigon, large, profond et majestueux. Ce rach est ma frontière naturelle. Au-delà, c'est « de l'autre côté de l'eau». La zone est dominée par la montagne de Tay-Ninh, étrange cône qui jaillit, isolé, à près de mille mètres d'altitude au-dessus d'une plaine sans relief. Maintenant encore, je suis capable de dessiner sans trop d'erreur la carte de mon royaume.

⁂

Au début, j'ai pris l'affaire très prudemment. D'abord, la plantation. Elle est cernée de tours de guet parfaitement inutiles, que je n'arriverai jamais à faire supprimer et qu'a inventées le général de Latour, au nom prédestiné. Elles couvrent la Cochinchine, ont fait un certain effet pendant trois ou quatre mois, mais ne servent plus qu'à entretenir l'hilarité des Viets. Ensuite, nous errons dans les plantations voisines, plus ou moins abandonnées. On manœuvre, on s'entraîne à la marche et on ne rencontre pas âme qui vive.

Il faut passer à la vitesse supérieure. Au nord, la plantation est séparée de la rizière par une masse boisée profonde de deux kilomètres environ et traversée d'une seule piste. Cette piste est troublante. Enserrée dans une végétation dense, elle présente constamment des traces de charrettes et de passages d'hommes à pied. Elle n'est jamais piégée. Nous commençons à l'utiliser presque tous les jours, elle est le seul moyen d'accéder rapidement au nord. Je sens qu'il est dangereux de prendre toujours le même itinéraire, mais je n'en connais pas d'autres, sauf à perdre des heures. Des années plus tard, je rêverai encore de cette route mystérieuse, silencieuse et comme ensorcelée. Elle débouche sur une rizière sèche, qui n'est plus cultivée. Durant la saison humide, la hauteur de l'eau atteint à peu près quarante centimètres, ce qui ne ralentit pas trop la marche. Dans la plaine des Joncs, l'eau atteint un mètre cinquante ou deux mètres.

Cette zone devient mon terrain de manœuvre. Nous y faisons quelques modestes prises, qui se raréfient parce que nous y venons trop souvent. Un matin, nous apercevons une troupe viet-minh à quatre ou cinq cents mètres de nous, moins nombreuse mais bien armée. Les Viets se couchent et effectuent un tir raisonnable et bien ajusté. Moi, j'ai mis en tête les jeunes les plus inexpérimentés, pour les former dans une zone où je pensais qu'on ne risquait rien. Ils se couchent et ouvrent un feu d'enfer, sans chercher à viser. Un jeune Cambodgien tire frénétiquement entre mes jambes. Je tente de les calmer en gueulant et à coups de canne et, quand j'y suis parvenu, je m'intéresse aux gens d'en face. Ils sont bien plus calmes, tous en noir, comme mes hommes, sauf leur chef qui arbore une tenue civile d'un blanc immaculé. Debout, immobile, appuyé sur sa canne, il a une attitude assez dédaigneuse. Je ne peux faire moins que rester, moi aussi, debout. Nous faisons manœuvrer nos hommes comme les pions d'un jeu d'échecs, sans espoir de nous piéger l'un l'autre sur ce terrain largement ouvert.

J'apprendrai vite qu'il s'agit d'une école de sous-officiers viet-minhs, dépendant des troupes régulières, les *chu-lucs**. Ils sont là pour s'instruire en toute tranquillité, ce qui n'est pas flatteur pour moi ni pour le commando voisin, mais me rend grand service. Deux mois durant, nous nous rencontrons souvent, de loin, et nous manœuvrons l'un contre l'autre à balles réelles. Mes hommes découvrent qu'on peut se faire tirer dessus sans en mourir. Le chef viet en blanc et moi en noir, nous restons debout, appuyés sur notre canne.

Naturellement, je tente de le coincer. À cette époque, j'inaugure ce qui deviendra la règle : mise en place de nuit, départ au plus tôt à minuit, au plus tard à quatre heures du matin. Je monte de savantes embuscades, avec l'espoir qu'elles se déclenchent au petit jour. Je suppose que mon adversaire en fait autant, mais jamais nous ne nous heurtons de près et un jour l'école s'en va ailleurs. Rétrospectivement, j'ai une grande reconnaissance à son chef et je souhaite qu'il ait connu une brillante carrière. Grâce à lui, mon troupeau informe et affolé est devenu une unité qui en vaut une autre et m'inspire peu à peu une grande confiance.

Alors débute la vie harassante que je m'impose d'une manière un peu obsessionnelle. Les départs en pleine nuit dans le plus profond silence sont sinistres, les haltes ou les nuits passées dehors ne sont qu'un combat contre les moustiques. Le seul moment agréable est le lever du jour : les démons se sont évanouis, les bidons contiennent encore de l'eau et la température est douce. Ensuite tombe une chaleur moite, une soif lancinante et la certitude que les Viets ont passé la rivière au nord pour tenter de nous intercepter. Les retours sont de plus en plus rapides, seule la rapidité peut nous éviter l'embuscade et un combat inégal.

On m'a généreusement doté d'un poste de radio, un poste 300 qui porterait à six ou sept kilomètres s'il fonctionnait, ce qui est rare à cause de l'humidité. Le PC du régiment est à vingt ou trente kilomètres à vol d'oiseau : j'emporte quand même le poste, par un reste de discipline, et aussi dans l'espoir de pouvoir contacter les avions de chasse qui rôdent au-dessus de cette zone interdite et ne manqueraient pas de faire un carton sur mes petits hommes en noir s'ils en avaient l'occasion. Quand ils passent, nous nous cachons précipitamment et je les appelle. Ils ne répondent jamais, mais ne nous voient pas non plus.

Par rapport à ces actions dures au moral et au physique, les opérations plus importantes auxquelles je suis convoqué paraissent à tous une agréable plaisanterie et une partie de plaisir. En tant que supplétifs, nous faisons l'objet d'un mépris condescendant : on nous place en flanc-garde, alors que nous pourrions lever le gibier que les lourds bataillons traiteraient ensuite. Comme nous sommes capables de marcher plus longtemps et plus vite que les réguliers, nous ne nous fatiguons guère et mes *nha-qués*, si semblables à des Viets, s'amusent de l'étonnement que provoque leur aspect de bandits en guenilles. Quand on me prend un peu plus au sérieux, on me donne un observateur d'artillerie et j'ai le rare privilège de pouvoir parler quelques heures avec un lieutenant de mon âge. Une fois, on me fait passer vingt-quatre heures d'horloge le long de la rivière de Saigon pour assurer la protection d'un convoi qui la remonte. Nous avons parfois de l'eau jusqu'au cou, heureusement il y a quelques îlots boueux. Quand les vedettes passent, je me montre, à mes risques et périls. Elles sont commandées par des camarades de promotion, des cavaliers propres et élégants. Ce sont des copains, ils ne me manifestent pas le léger dégoût que mon aspect provoque en général chez les gens distingués parce que je suis sale, pas rasé et dégoulinant de boue. Ils m'offrent un quart de rouge. Il est six heures du matin ; les maux d'estomac le disputent à la reconnaissance.

Ces intermèdes troublent à peine notre quête vers le nord. Parfois, elle est plus fructueuse que d'habitude, je ramasse du courrier, un régulier ou des buffles. Ce jour-là, ce sont des charrettes en fort bon état, sûrement destinées au ravitaillement des réguliers et que je pourrai négocier facilement. Elles présentent l'inconvénient de ralentir le retour, que tout le monde souhaite rapide. Il est quatre heures de l'après-midi, je crève de soif, je progresse à toute allure avec mon groupe de commandement et les éclaireurs. En Cochinchine, on ne marche pas, on trottine à la manière des coolies, qui accordent leur allure au balancement des deux fardeaux fixés aux extrémités d'un bois souple posé sur l'épaule. Une troupe entraînée abat ainsi ses huit kilomètres à l'heure pendant des heures. Derrière, le reste du commando avance plus lentement avec les charrettes. Nous atteignons la dernière rizière avant la « rue sans joie », le sempiternel chemin dans le bois. Les éclaireurs abordent la lisière sans beaucoup d'ordre, mais largement dispersés. Je n'y attache pas grande importance, je suis chez moi. Arrivés à moins de vingt mètres du bois, nous sommes accueillis par un feu nourri. Toute la lisière est tenue, cinq ou six fusils-mitrailleurs tirent en même temps, soutenus par des fusils et des pistolets-mitrailleurs. C'est, à l'évidence, une unité *chu-luc*, une compagnie de réguliers qui n'épargne pas les munitions.

Nous sommes un peu plus de vingt, couchés dans quarante centimètres d'eau qui nous cachent assez bien, laissant quand même passer le bout du nez. De notre côté, ça tire si mollement que je me demande si tout le monde est mort. J'attends l'assaut final, phase ultime de toute embuscade bien montée. Un tireur au fusil-mitrailleur, qui m'a repéré, m'ajuste posément. Les balles font un petit geyser dans l'eau à chaque rafale, devant, puis derrière moi. Quatre, cinq rafales, puis je sens un choc à la jambe. Comme j'occupe mon temps à tirer au pistolet, je crois avoir heurté ma cuisse avec la crosse de l'arme. L'eau devient rouge et j'ai du mal à bouger la jambe.

Ce qu'on raconte sur les camarades prisonniers des Viets n'est pas plaisant. Un certain temps, je garde en réserve la dernière balle de mon pistolet, à toutes fins utiles, puis je la tire, pour repousser la tentation. Je revois ma vie, je constate qu'on peut le faire en un rien de temps, ce n'est donc pas un cliché et je ne suis pas fier. Seigneur, prends-moi dans ton royaume.

Pourquoi ne donnent-ils pas l'assaut ? Il faut les occuper. À côté de moi, un petit Cambodgien hébété n'utilise pas les grenades à fusil qu'il porte. Ce sont de nouvelles grenades françaises, reçues il y a trois semaines à peine, elles marchent bien. Je lui fais signe de me passer son fusil et les grenades, puis celles de ses camarades. Par un heureux hasard, je les ai placées presque toutes au groupe de commandement, elles constituent mon artillerie. Elles explosent en fusant dans les branches et doivent faire un effet désagréable. Et puis Hoan se lève, comme à l'exercice, et se met à lancer des grenades à main, avec une merveilleuse précision, là où sont les fusils-mitrailleurs. Je ne l'ai jamais vu avoir peur et, en tant qu'ancien Viet, il a encore moins de pitié à attendre que moi.

Ça tire depuis un bon quart d'heure. Je regarde derrière. Le reste du commando arrive, il est à trois cents mètres, progressant lentement dans l'eau. Ils sont quatre-vingts à peu près, bien espacés sur une seule ligne, qui avancent calmement sans tirer. On dirait un film de guerre. Je me lève, ma jambe gauche me fait l'effet d'une jambe de bois. Je crie : « Debout, en avant. » Le petit Cambodgien me demande : « Il faut se lever, chef ? » Oui, il faut y aller. Ils se mettent debout, presque tous. Après, je découvre qu'une dizaine sont blessés, bien plus gravement que moi. Il n'y a pas un mort. Les Viets ont tout le temps de décrocher. Pourquoi n'ont-ils pas donné l'assaut ?

Cet humble combat sans vainqueur ni vaincu a duré vingt minutes. J'en ai vu de plus spectaculaires et de plus glorieux. Aucun ne m'a marqué comme celui-là, qui s'est déroulé comme un film au ralenti, me laissant le loisir de déguster tous les sentiments possibles. Il a des conséquences variées. Sans tarder, le commandement réagit : je reçois une sèche demande d'explication du service du matériel, me priant de justifier la consommation de la quasi-totalité de mon allocation de grenades à fusil. Ma réponse est suffisamment désagréable pour que l'allocation soit renouvelée sans délai.

Je crois devoir écrire à ma mère que j'ai été blessé. Habituellement, je lui écris deux fois par semaine, sans lui dire grand-chose, tout cela n'est guère racontable. Cette fois, je crains que, par un improbable hasard, elle apprenne ce qui s'est passé et s'imagine que je lui cache des choses. Je lui dis que la blessure est légère, la balle s'est glissée entre le fémur, le nerf sciatique et l'artère fémorale. C'est une bonne blessure. Pour la rassurer complètement, je crois devoir expliquer que ça s'est passé dans un endroit tout à fait tranquille. Avec bon sens, elle me demande dans sa réponse ce qui peut bien se passer ailleurs.

Désormais, j'ai une confiance aveugle dans mes hommes, parce qu'ils ne m'ont pas abandonné. Ceux qui étaient derrière, en butte à des tirs de harcèlement, auraient pu attendre que j'aie mon compte pour s'évanouir dans la nature.

Je deviens, l'expérience aidant, prudent et réfléchi. Conscient du risque pris à chaque sortie, je décide d'aller plus loin encore, mais avec de telles précautions et une telle rapidité que le risque réel dure moins longtemps. Je n'utilise presque plus ma redoutable « rue sans joie », où nous avons failli tous disparaître, et nous trouvons de minces sentiers dans la forêt, où aucune embuscade n'est à craindre. Mes partisans* pensent que je suis fou, mais m'en reconnaissent le droit. Mon sous-officier de renseignements, Tran Ha Tai, ne dit rien. Il semble juger que je commence à avoir une idée de mon métier. Je décide de mieux utiliser le renseignement et je m'attaque à la montagne de Tay-Ninh.

14.
La montagne de Tay-Ninh

Ainsi, les affaires sérieuses peuvent commencer quand trois conditions sont réunies : un service de renseignements compétent, une troupe aguerrie et une vague compréhension de la guerre à mener.

Je sais que dans mon poste*, comme partout ailleurs, un secret ne peut être gardé. J'adopte donc une méthode fatigante pour moi, éprouvante pour mes subordonnés. Je n'annonce les départs en opération qu'à la nuit tombée, lorsque toutes les portes sont fermées et que nul ne peut entrer, ni sortir. Cette annonce, je suis bien obligé de la faire pour que les hommes emportent de quoi se nourrir. Tout le monde va se coucher puis, entre une heure et trois heures du matin, je fais venir Thiep et lui dis de prévenir qu'on s'en va. Il faut moins d'une demi-heure pour que tout le monde soit rassemblé dans le plus grand silence. Je donne l'ordre de départ, sans préciser l'objectif, et je marche avec les éclaireurs rapidement, la progression est facile dans les hévéas, aucune embuscade sérieuse n'est à craindre. Après une heure ou deux, je stoppe l'avancée, je rassemble les chefs de section et je donne les ordres. Cette méthode assez austère est efficace : nous saisissons des papiers viets qui attestent qu'ils sont incapables de savoir ce que je veux faire.

Les éclaireurs méritent une mention spéciale. Ils progressent très vite, tirent de nuit avec une étonnante précision et détectent la plupart des nombreux pièges placés un peu partout. Ils risquent leur vie bien plus que les autres et n'y gagnent, en principe, aucun avantage. Je ferme les yeux sur les quelques poulets ou gorets qu'ils ramassent et je leur donne de temps en temps une modeste prime. La vitesse de leurs réactions est stupéfiante. Moi, je me demande toujours s'il s'agit d'un ami ou d'un ennemi. Pas eux. Un jour, dans un village que nous fouillons, j'entre dans une cabane et je trouve Cu, l'un de mes meilleurs éclaireurs, un grand bandit toujours coiffé d'un vieux feutre brun. Le temps que je dise : « Cu, tu n'es pas là où j'ai dit », et l'autre me vise avec un pistolet. Nous tirons tous les deux en même temps, à deux mètres l'un de l'autre et, un peu émus, nous nous ratons mutuellement. J'ai été stupide : Cu ne pouvait pas avoir un pistolet, l'homme était sûrement un officier viet. J'en ai conclu qu'il valait mieux laisser faire les spécialistes.

Pour détecter les grenades piégées, les éclaireurs marchent pieds nus et, au contact d'un fil métallique, soulèvent le pied aussi vite qu'une cuisinière retire sa main d'une casserole brûlante. Ainsi, ces grenades nous ralentissent à peine, sauf si je veux les détruire. S'il n'y a plus nécessité de silence, la meilleure méthode est de tirer dessus à la carabine américaine et de les casser comme des pipes de foire. Un jour, un jeune Cambodgien mal dégrossi en ramasse une et me l'apporte fièrement, en en serrant soigneusement la cuiller. S'il entrouvre la main, la cuiller se soulève et la grenade lui enlève la main, dans le cas le plus favorable. Comme je l'engueule copieusement et bêtement, il se met à trembler, alors je serre sa main avec la mienne et j'empoigne délicatement la grenade. On trouve un bout de ficelle, je l'emmaillote délicatement et la pose doucement sur le chemin, tout le monde une fois écarté. Comme elle ne me part pas à la figure, les partisans* rient beaucoup. Ils auraient ri de toute façon.

Quand les Viets constatent que nous détectons les pièges à ras de terre et que nous n'empruntons plus la « rue sans joie », ils inaugurent un autre système : des fils piégés à hauteur de la taille, qui barrent les étroits sentiers en forêt. Ces pièges sont presque indétectables et nous causent des pertes. Les grenades chargées d'un explosif médiocre font des éclats peu nombreux, mais un seul dans le ventre est désagréable. De plus, toutes les évacuations sanitaires imposent la retraite de tout le monde. Si je renvoyais une section seule, elle aurait quelque chance de disparaître corps et biens. Un jour, un éclaireur prend un éclat si lent qu'il est à peine fiché dans son ventre. Je l'enlève sans difficulté, ça ne saigne pas, je lui annonce que ce n'est rien et qu'on va continuer. Une minute après, il s'évanouit. On fabrique un brancard de fortune, deux perches, deux vestes de combat et on rentre, à ma grande déception : voilà un renseignement perdu. Il faut dix heures pour l'évacuer jusqu'à l'hôpital 415. Il a le péritoine ouvert, mais se remettra très bien, avec une énorme cicatrice. Les Européens ne s'en tirent pas toujours aussi bien. Moi, je ne place jamais de piège. Les Viets les trouveraient et les retourneraient contre nous. Nos grenades sont plus meurtrières que les leurs.

La montagne de Tay-Ninh m'attire de plus en plus, parce que je sais qu'elle est le centre du ravitaillement des Viets par les caodaïstes*. Entièrement boisée, elle recèle de nombreux villages, tous abandonnés. Longtemps, j'ai cru que c'était à cause de la guerre. Ensuite, j'ai découvert à mes dépens que le typhus de brousse était plus efficace que la guerre. La plupart des habitants en sont morts, les autres sont partis. Dans la montagne, nous faisons de belles prises : peu de Viets armés, mais des acheteurs officiels munis de bonnes piastres* – pas les piastres viets, qui n'ont même pas valeur de collection. Un jour, nous attrapons un personnage important, ce qui se reconnaît à son chapeau de brousse confectionné dans de la soie de parachute français, bien entendu. Je confisque le chapeau, je l'ai toujours. Sur le chemin du retour, l'homme révèle qu'il avait vingt mille piastres sur lui et qu'il en a été soulagé par les éclaireurs. J'arrête la progression. Tout le monde jure qu'il n'est pas au courant. Je ne peux tolérer de me faire rouler dans la farine. Je sais aussi que le moindre retard peut être notre mort à tous. Chacun le sait. J'annonce donc que je vais dormir jusqu'à ce que l'argent soit retrouvé et je forme le commando en point d'appui. J'aime bien ce genre de halte, on s'endort très bien à l'ombre des cocotiers. Au bout d'un quart d'heure, un caporal cambodgien me réveille : il a trouvé, au pied d'un bananier, un petit paquet soigneusement ficelé contenant vingt mille piastres. Tous les éclaireurs, ce jour-là, sont annamites. Ils ont pensé qu'un Cambodgien était une excellente couverture. Nous rentrons à grande allure.

Désormais, j'emporte mon mortier de 60. On me l'a donné tardivement pour défendre le poste, avec interdiction de le risquer en opération. Comme les Viets sont mieux armés que moi, je passe outre l'ordre reçu, mais le mortier est toujours à côté de moi : si jamais il est pris, je serai mort avant et le compte rendu en sera simplifié d'autant. Je choisis Hoan comme tireur, à cause de son calme et de son gabarit. Pour la première leçon de tir, nous allons dans une rizière sèche à deux cents mètres du poste. Il y a de petites meules de paille de riz, distantes de cinq à six cents mètres. J'effectue un réglage savant et réglementaire. En trois coups, je fais sauter une meule. Hoan dit qu'il a compris. Il enlève le bipied du tube et l'incline à l'estime, sans aucun repère visible. Avec trois obus, il atteint trois meules. La leçon est finie. Je la raconte à Niem, qui me révèle que Hoan était tireur au mortier chez les Viets.

Je fais confectionner des chasubles pour emporter les obus. Je n'en emporte pas plus de trente pour ne pas nous alourdir. S'ils n'ont pas été utilisés, j'en tire une vingtaine au retour, à titre d'exercice, et pour soulager les porteurs. Un soir, j'arrose ainsi une lisière à quatre ou cinq cents mètres. Cela déclenche un feu nourri : il doit y avoir une compagnie viet qui se croit dévoilée. À partir de ce jour, j'utilise souvent, au retour, ce bon vieux procédé de l'arrosage systématique, dont certains ont parfois abusé.

Bientôt, je décide d'imiter Turenne. Faute de traverser le Rhin, je traverse le rach Tay-Ninh, frontière mystérieuse au-delà de laquelle réside, dit-on, le saint des saints des Viets. La rivière est très profonde, mais son courant est lent. Tous les partisans savent nager. Hoan et un autre passent en tenant le mortier, son poids les oblige à nager sous l'eau. Je n'ai même pas songé à l'encorder. De l'autre côté, on ne trouve personne. Les Viets savent qu'on ne vient là qu'avec trois ou quatre bataillons et se doutent que je ne suis qu'un modeste appât.

Un jour, nous ramenons un régulier, un beau gars solide qui ressemble à Hoan. Les réguliers sont la garde impériale, l'élite, grâce à l'écrémage des provinciaux. Tai emmène le jeune homme boire une bière. Très vite, il revient m'annoncer que le prisonnier propose de nous guider pour aller tuer le commandant viet-minh qui est à la tête de tout le coin et exerce un commandement bien supérieur au mien. En échange, il demande seulement la liberté. Je le convoque. Il m'explique où il faut aller, à vingt kilomètres au nord, en pleine zone viet, et il faut y arriver avant cinq heures du matin pour avoir des chances de rentrer. Je lui mets le marché en main : si je tue le commandant, il est libre, sinon je le tue. Il accepte sans hésiter et je ne lui demande pas quel contentieux existe entre eux.

On repart. Tout le monde est assez tendu. Finalement, c'est plus loin que je ne le pensais. Le Viet finit par m'annoncer qu'on est à trois kilomètres du but et que la zone est solidement tenue. Je laisse le commando en point d'appui et je pars avec Tai et les cinq meilleurs éclaireurs. Nous prenons en forêt d'étonnants sentiers étroits que nous n'avions jamais découverts. On avance assez vite, l'homme n'hésite pas. En moins d'une heure, nous débouchons, en pleine obscurité, dans une petite clairière où l'on devine quelques cahutes. De celle du centre, un type bondit, un bond étonnant qui me laisse ahuri. Les éclaireurs tirent ensemble, il doit être mort en touchant terre. Dans la cahute, nous ramassons deux sacoches de documents, pas d'armes, et nous partons. De tous côtés, les Viets tirent, sans trop savoir sur quoi. Nous reprenons le même chemin, derrière notre guide toujours aussi sûr de lui. Nous rejoignons le commando avant le jour et rentrons, toujours en courant.

J'ai l'impression d'avoir remporté une victoire inouïe, l'aboutissement de mois d'effort. Quand je livre les documents au sous-secteur, on se contente de me demander pourquoi j'ai pris sur moi de libérer le prisonnier. J'explique que ma parole n'appartient qu'à moi, ce qui ne paraît pas convaincre grand monde, et on n'en parle plus.

Ma guerre se termine là : j'ai tué celui qui avait autorité « de l'autre côté de l'eau ». Sur ce, la montagne de Tay-Ninh remporte le dernier *round* et le typhus de brousse me met hors de combat. Au moment d'embarquer pour la France, un capitaine du régiment vient me dire au revoir sur le bateau. J'en suis touché et flatté, je pensais que personne ne me connaissait plus. Il me dit qu'il a recoupé le renseignement, que maintenant il est certain, que tout le monde est certain que j'ai tué le Viet qui commandait au nord. Je lui garde une grande reconnaissance d'avoir pris la peine de venir me le dire.

15.
La fin

Le jour du départ est très gai. Il y a une prise d'armes. Mon successeur est un capitaine chevronné, bien pourvu d'adjoints. Les petits partisans* rient comme des fous. Je n'en suis pas vexé, ils rient toujours aux enterrements. Voilà une histoire qui se termine bien. Aucune histoire ne se termine bien si on la prolonge trop.

Je vais rentrer en France et payer le prix fixé par mon médecin. Un an de vie de zombie à faire correctement, avec une parfaite indifférence, le métier de lieutenant de cavalerie. Et puis je débarque à nouveau à Saigon. Au mess de garnison, on doit décliner son nom pour pouvoir déjeuner. Le commandant qui est derrière moi sursaute et me demande si je suis l'ancien chef du commando. Là-bas, il est l'adjoint opérationnel du sous-secteur. La situation n'est pas saine, il m'offre de reprendre mon commandement dès le lendemain, j'aurai toute l'aide possible. Dans la vie, on a comme ça des décisions à prendre en cinq minutes devant un verre, des décisions irréversibles. Sagement, trop peut-être, comment savoir, je refuse : on ne fait pas deux fois le pacte dont je viens de payer le prix.

Je pars pour le Tonkin faire un honnête travail opérationnel, je commence juste à connaître mon métier. Comme cela m'est plutôt égal, on me couvre des honneurs dont rêvait le petit lieutenant égaré dans la nature.

Après le cessez-le-feu, je reviendrai en Cochinchine. Je retourne à la plantation. Des trois planteurs, seul reste le premier assistant, toujours le même, sûr de lui. Il me reçoit très gentiment et me remet le fanion du commando. Il me jure qu'il l'a ramassé dans un caniveau, après que tout se soit terminé dans la désolation. À Saigon, juste avant de prendre l'avion, je vois des chars de l'armée vietnamienne, de beaux chars américains, dans la rue. L'un d'eux s'arrête et le chef de char se jette presque à mon cou. Thiep, mon ordonnance, il n'a pas changé. Il est sûrement celui auquel je souhaitais le plus dire adieu.

Naturellement, au moment où je quitte mes *nhaqués*, je ne prévois pas tout ça. Si, justement, j'en ai fortement l'intuition, parce qu'il faut payer sa dette. Quand un vieil officier écrit ses mémoires, il raconte sa dernière prise d'armes, la façon dont il a regardé ses hommes droit dans les yeux et ressenti presque physiquement l'arrachement à ce qui a été sa vie. Moi, la dernière prise d'armes de ma vie, je l'ai eue ce jour-là. Aucune autre, depuis, n'a ébranlé ma sérénité. Certaines m'ont paru belles, d'autres m'ont ému, d'autres encore procuré un ennui discret. Toutes avaient le tort de venir après la « dernière ». Et cela, je le pressens déjà ce jour-là.

Ces sombres pensées ne sont dues qu'à mon extrême fatigue. Pourtant, jamais plus je n'ai connu l'enthousiasme, l'énergie et la solitude du chef avec la même intensité que pendant ces dix-huit mois. Après, je n'ai plus été qu'un bon fonctionnaire faisant honnêtement son travail. Ou alors, j'ai acquis là la sérénité et la distance nécessaires pour assumer des responsabilités. Je n'étais plus roi, j'allais être un officier qui reçoit des ordres et qui en donne. Le destin allait même faire qu'ayant perdu presque toute naïve ambition, je sois servi en responsabilités au-delà de mes mérites.

Mais la vie vaut-elle la peine d'être vécue sans enthousiasme, fût-il empreint de naïveté ? Ma joie de vivre, je l'ai trouvée quelques années plus tard en tombant amoureux, ce qui n'est pas vraiment original. Comme Job, mais avec moins de mérite que lui, j'ai reçu de Dieu une femme aimante et de nombreux et beaux enfants. Le destin de mes *nha-qués* a sûrement été tragique. Tous, ou presque, sont morts, et peut-être n'y a-t-il eu personne pour célébrer en leur honneur le culte des ancêtres. Au temps de mon adolescence, j'avais aimé un film anglais, *Goodbye, Mr. Chips*, histoire larmoyante et distinguée d'un vieux professeur. Au moment de mourir, il revoit défiler tous les enfants qu'il a formés, et ils disent leur nom. Comme lui, je revois passer, fantomatiques, les cent trente partisans qui restent le souvenir marquant de toute ma vie militaire. Ils ne se présentent pas, ils savent que je connais leur nom : Niem, Tran Ha Tai, Dan Thiep, Dan Song, Hoan…

Notices

Bao Daï

Bao Daï (Bảo Đại, 1913-1997) fut le dernier empereur d'Annam, entre 1932 – début de son règne personnel – et 1945. Après le coup d'État de l'armée japonaise de mars 1945, qui élimina l'administration française, il dénonça le traité franco-annamite de protectorat, proclama l'indépendance, avant d'abdiquer le 25 août, dans le contexte de l'entrée de Hồ Chí Minh à Hanoï, suivie par la proclamation de la « République démocratique du Viêt Nam » (2 septembre 1945). Après avoir accepté un poste de conseiller suprême dans le gouvernement d'union nationale présidé par ce dernier, il s'exila à Hong Kong en mars 1946. Après les accords avec la France du 5 juin 1948 et du 8 mars 1949, Bao Daï devint le chef du nouvel État du Viêt Nam, désormais « associé » à l'Union française. Quant à l'indépendance promise par la France, objectif de Bao Daï, elle resta largement hypothétique. Ce dernier, violemment attaqué par le Viêt-minh qui le considérait comme un traître et un fantoche, quitta le Viêt Nam pour la France en juillet 1953. Après les accords de Genève, il resta formellement chef de l'État du Viêt

Nam du Sud, avant d'être destitué par Ngô Đinh Diệm en 1955.

BÌNH XUYÊN

Bien que catalogués parmi les « sectes » par les Français, les Bình Xuyện sont avant tout une pègre constituée de hors-la-loi originaires d'une zone de villages au sud de Cholon, qui s'appellent « frères » entre eux et sont régis par un strict code de l'honneur. Leur chef, Bảy Viễn, rallié en 1948 à Bao Daï*, devient un personnage important du régime. Les Bình Xuyện sont brisés par les armes par Ngô Đinh Diệm en 1955.

BOURNAZEL

Le lieutenant Henry de Lespinasse de Bournazel participe à partir de 1922, au Maroc, à la campagne contre la rébellion. En 1923 et lors des années suivantes, il s'y conduit avec un héroïsme qui entre immédiatement dans la légende, sa tunique rouge du corps des spahis étant supposée lui conférer l'invulnérabilité. C'est en la portant – masquée, pour une fois, sous une djellaba – qu'il meurt en février 1933.

CAODAÏSTES

Le caodaïsme – le terme vient de *Cao Đài* qui désigne l'esprit divin – est une religion syncrétique développée à partir de 1926 par Lê Văn Trung. Son organisation s'inspire de l'Église catholique, avec un « pape » à sa tête, et un « Saint-Siège » situé à Tây Ninh. Sa dimension prophétique et messianique se traduit par l'invocation de figures aussi diverses que Victor Hugo, Flammarion ou Jeanne d'Arc, et par des messages censés être délivrés par *Cao Đài*. La secte, implantée surtout en Cochinchine, forte de 500 000 fidèles, collabora à partir de 1946 avec les Français. À partir de 1947, ses milices constituèrent une force importante de combat contre le Viêt-minh dans la région de Tây Ninh (3 300 hommes des « brigades volantes », plus 1 500 hommes appartenant aux groupes d'autodéfense armés, et 2 500 partisans militaires). Les brigades volantes étaient disséminées de telle sorte que l'on trouvait dans la plupart des secteurs un commandant caodaïste. En même temps, la secte joua sa propre partie, visant à accroître son influence et son pouvoir, qui ne visait rien moins que de faire du Viêt Nam un État caodaïste. Elle se montrait donc très sourcilleuse sur son autonomie. C'est dans le contexte de la politique menée par de Lattre*, très hostile aux particularismes et aux sectes, que se produisit en juin 1951 la dissidence du chef de l'état-major des forces caodaïstes, Trình Minh Thế, très antifrançais, qui partit se réfugier dans la forêt avec 1 200 hommes, au nord-ouest de Tây Ninh, avec l'appui probable mais secret des dirigeants de la secte. C'est un agent de cette dissidence qui assassina le général Chanson* le 31 juillet 1951.

CHANSON (GÉNÉRAL)
Ancien adjoint du général de Latour, dont il reprend les méthodes en les intensifiant, le général Chanson prend le commandement des forces franco-vietnamiennes du Sud en novembre 1949. Il hérite en Cochinchine d'un territoire cloisonné par le système des tours, dont chaque compartiment était pacifié l'un après l'autre par des raids dans les zones refuges. De décembre 1949 à avril 1950, Chanson brise efficacement les offensives des troupes régulières du Viêt-minh tout en poursuivant de manière extraordinairement active la tâche de pacification. Son apparence peu militaire dissimule de hautes capacités : Chanson comprend en particulier l'aspect partiel de la dimension militaire du conflit, et le rôle que doit jouer la conquête des masses paysannes. Il fait ainsi progresser considérablement la pacification dans le Sud jusqu'en 1951 grâce à des attaques sans cesse renouvelées, notamment dans la plaine des Joncs, afin de tenter de couper en deux le dispositif viêt-minh le long du Mékong. Il est assassiné par un caodaïste* dissident le 31 juillet 1951 à Sadec (Sa Đéc), en même temps que le gouverneur du Sud-Viêt Nam.

CHU-LUCS

Au début des années 1950, l'Armée populaire du Viêt Nam est répartie entre troupes régulières *(chu-lucs)*, troupes régionales et milices populaires. Les *chu-lucs* ont pour tâche de mener les grandes opérations d'anéantissement de l'ennemi, là où les troupes régionales opèrent localement et coordonnent la lutte entre les réguliers et les milices populaires, chargées surtout de défendre leur village, mais susceptibles de se joindre aux opérations de plus grande envergure. Ce système très souple permettait d'effectuer une sélection permanente et de promouvoir l'élite des milices au profit des troupes régionales, et l'élite de ces dernières au profit des réguliers.

GIÁP

Né en 1911 ou 1912, après des études de droit, Võ Nguyên Giáp devient dès la fin des années 1930 un militant clandestin du parti communiste indochinois, au sein duquel il connaît une ascension très rapide lors de la Seconde Guerre mondiale. Il crée au cours de cette période les premières unités de guérilla au Tonkin. Ministre de l'Intérieur dans le gouvernement de Hồ Chí Minh en 1945-1946, il devient l'organisateur militaire de la lutte du Viêt-minh contre le corps expéditionnaire français. Théoricien et organisateur de la guérilla, il est dès 1949 soucieux de passer à la phase suivante : l'offensive menée par des troupes régulières *(chu-lucs*)*, elles-mêmes reliées aux troupes régionales appuyées à leur tour par les forces de guérilla. Ses qualités d'organisateur, de logisticien et de stratège se révèlent dans toute leur ampleur lors de la victoire de Diện Biên Phú en 1954.

HÒA HAO
Du nom du village du fondateur de la secte, Huỳnh Phú Số, cette religion des pauvres prônant un bouddhisme purifié a entamé son développement à l'ouest de la Cochinchine avant la Seconde Guerre mondiale. L'assassinat de son prophète par le Viêt-minh en 1947 précipita le ralliement de la secte au gouvernement du Sud. Son nouveau chef, Năm Lửa, fut fait général par les Français et les Hòa Hảo furent chargés de tenir une vaste zone allant de Vĩnh Long jusqu'à la frontière cambodgienne. Toutefois, ce ralliement fut rendu précaire par l'alternance ralliement-dissidence d'un membre important de la secte, Ba Cụt. Comme dans le cas des Bình Xuyện*, l'indépendance de celle-ci est brisée par Ngô Đinh Diệm en 1955, son chef étant exécuté l'année suivante.

LATTRE (GÉNÉRAL DE)
Auréolé d'un immense prestige – commandant de la 1re armée lors du débarquement de Provence, le 15 août 1944, vainqueur de la campagne d'Alsace,

signataire le 8 mai 1945 à Berlin, au nom de la France, de l'acte de capitulation allemand – il est nommé haut-commissaire et commandant en chef en Indochine le 6 décembre 1950, après que Juin et Koenig ont refusé tour à tour. Son arrivée sur place, le 17 décembre, marque un redressement spectaculaire du moral d'un corps expéditionnaire français de 150 000 hommes, alors très affecté par les graves échecs subis au Tonkin (défaite de Cao Bằng en octobre 1950, évacuation de Lạng Sơn) et par les lourdes pertes subies à cette occasion (4 800 morts et disparus). Dans un contexte d'intensification de la guerre froide (l'invasion de la Corée du Sud par celle du Nord s'est produite le 25 juin 1950), de Lattre inscrit d'emblée la guerre d'Indochine dans un combat de civilisation beaucoup plus vaste (« Je vous apporte la guerre, mais aussi la fierté de cette guerre »), tout en prêtant une attention particulière aux officiers subalternes, sur lesquels reposait tout le poids du conflit. Il décide de faire porter tout l'effort militaire sur le Tonkin en tant que verrou contre l'expansion communiste en Asie du Sud-Est et inflige au Viêt-minh la grave défaite de Vĩnh Yên en janvier 1951, puis celle de Đông Triều en mars-avril, suivie de celle du Dãy (où son fils perdit la vie) en mai-juin : trois victoires défensives acquises par la supériorité du feu sur les vagues d'assaut viêt-minhs. De Lattre pousse parallèlement à la mise sur pied de l'armée vietnamienne (« vietnamisation » de la guerre) et au « jaunissement » du corps expéditionnaire, tout en obtenant des renforts de la métropole (15 000 hommes). Sans ralentir l'œuvre de pacification au sud, il entreprend de transformer le delta tonkinois en un vaste camp retranché grâce à une ceinture d'appuis bétonnés. Il quitte le Viêt Nam fin juillet 1951 avant de revenir en octobre pour quelques semaines, après un passage aux États-Unis en septembre, destiné à convaincre outre-Atlantique du bien-fondé du combat français en Indochine. En novembre, il décide de passer à l'offensive en dehors du delta du Tonkin, vers Hoà Bình. Gravement atteint par un cancer de la hanche, de Lattre fait ses adieux au corps expéditionnaire le 19, quittant le Viêt Nam avec le sentiment d'avoir accompli sa tâche. Sans doute avait-il réussi à relancer la guerre, en effet, mais certains ont prétendu que sa mort, intervenue le 11 janvier 1952, l'avait empêché de mesurer à quel point la réussite de sa politique en Indochine était illusoire.

NGUYÊN BÍNH
Né vers 1910, adhérent du parti nationaliste VNQDD pendant l'entre-deux-guerres, dont il devient l'un des principaux dirigeants en Cochinchine, il est chargé début 1946 de réorganiser et d'unifier les groupes armés du Sud. Nguyễn Bính devient alors

le remarquable organisateur de la lutte militaire du Viêt-minh en Cochinchine. Mais ses échecs stratégiques (attaques manquées de décembre 1949 à la fin 1950, perte partielle, début 1951, du sanctuaire de la plaine des Joncs devant l'efficacité des escadrons amphibies, progression de la pacification française dans le Sud), associés à son indépendance face aux directives du parti, amènent ce dernier à le relever de ses fonctions en juillet 1951. Ayant reçu l'ordre de rejoindre le Nord, il meurt dans une embuscade le 29 septembre, à la frontière du Cambodge et du Viêt Nam.

OCCUPATION JAPONAISE
De 1940 à mars 1945, l'Indochine vit sous le régime d'une sorte de condominium associant maintien de la souveraineté française et présence de troupes japonaises, celles-ci ayant obtenu le droit de stationner dans toute l'Indochine en juillet 1941 (accords Darlan-Kato). Le 9 mars 1945, souhaitant liquider la présence française, les Japonais attaquent par surprise les garnisons : l'ordre colonial de la métropole s'effondre tandis qu'est proclamée l'indépendance du Viêt Nam, du Laos et du Cambodge. La présence japonaise se prolonge bien au-delà de la capitulation du 14 août 1945, les forces nippones restées sur place adoptant alors une attitude de passivité bienveillante à l'égard du Viêt-minh.

PARTISANS

Confronté à une crise chronique des effectifs, le commandement français fit massivement appel, dès l'origine, aux autochtones. À côté du recrutement de réguliers (qui fourniront jusqu'à 30 % des forces terrestres d'Extrême-Orient en mai 1954 : on parlait alors de « jaunissement » du corps expéditionnaire), on fit aussi appel à des supplétifs, bien moins coûteux que les métropolitains et même que les réguliers. Ceux que l'on appelait aussi « partisans », en utilisant un terme plus ancien, étaient officiellement près de 52 500 en novembre 1953. Ils apportaient aux forces françaises une connaissance du pays et des méthodes de combat souvent proches de celles du Viêt-minh, et jouèrent un rôle particulièrement important au Sud-Viêt Nam, non seulement pour sécuriser les voies de communication, mais de plus en plus au titre d'éléments mobiles d'intervention : les progrès de la pacification dans le Sud amenant le commandement à prélever en 1950-1951 des bataillons de réguliers pour le Tonkin, la guerre en Cochinchine reposa en effet de manière croissante sur les unités de supplétifs. Ces dernières étaient toutefois de types très divers : compagnies statiques, compagnies des plantations (levées par le planteur, mais armées et encadrées par l'armée), gardes de voies ferrées, forces des groupes confessionnels (catholiques, caodaïstes*…), milices d'autodéfense des villages, etc. Les commandos d'intervention, armés et équipés pour la contre-guérilla, composaient les éléments les plus offensifs de ces forces supplétives : on en comptait 90 fin 1953 au Sud-Viêt Nam, dont 22 seulement étaient commandés par un officier français.

PIASTRE

Monnaie de l'Indochine coloniale, elle est émise jusqu'en 1947 par la Banque de l'Indochine. En décembre 1945, le Gouvernement provisoire fixe sa parité à 17 francs. Cette surévaluation (son cours réel en Extrême-Orient fluctue entre 7 et 10 francs) valorise les traitements et les soldes des Français sur place tout en générant des trafics divers. Pour y mettre fin, la France dévalue unilatéralement la piastre en mai 1953, au prix d'un vif mécontentement en Indochine, notamment au sein des membres du corps expéditionnaire.

POSTES

Surtout dans le sud du Viêt Nam, la guerre d'Indochine fut essentiellement une « guerre des postes », héritée de la conquête coloniale, reposant sur des forces territoriales dispersées en petites unités dans des centaines de postes censés surveiller les communications, tenir le pays, contrôler et rallier la population. Un poste est généralement composé d'un mur d'enceinte, de blockhaus d'angle, de tours de guet (le poste du lieutenant de La Motte en compte douze). Autour de lui se fixe une population autochtone importante, le chef de poste ayant en charge de la rallier à la cause française en isolant ainsi le Viêt-minh. Le combat est rare, et la vie de poste monotone, faite de corvées d'entretien, de renforcement des défenses, de patrouilles, d'opérations de contrôle de la population. Cette « guerre sans front » caractéristique de l'Indochine a été particulièrement bien rendue dans deux des films de Pierre Schoendoerffer, *La 317e Section* (1964) et *Le Crabe-tambour* (1977).

SCHOENDOERFFER (PIERRE)
Parvenu en Indochine en 1952 au titre de cameraman du Service cinématographique des armées, il filme la bataille de Diện Biên Phú (les bobines, en partie détruites par lui, en partie saisies par le Viêt-minh, sont malheureusement perdues), avant d'être fait prisonnier. *La 317e Section* (1964) constitue sans doute son chef-d'œuvre sur la guerre d'Indochine, qui demeure toutefois une source d'inspiration capitale pour plusieurs de ses films comme *Le Crabe-tambour* (1977) et *Dien Bien Phu* (1992).

317e Section (La), *voir* SCHOENDOERFFER (PIERRE)

Note de l'éditeur

Nous avons maintenu dans le texte de Dominique de La Motte l'orthographe originale des noms de lieux et de personnes, tout en donnant en préface, dans les notices et dans les cartes, soit l'équivalent en vietnamien moderne, soit le nom original suivi du nom actuel. Par exemple, nous avons conservé Viet-Nam au lieu de Việt-Nam, Niem au lieu de Niệm, Dan Song au lieu de Dần Sông, Rong au lieu de Rồng.

Dépôt légal: janvier 2009
N° d'édition : 3267 – n° d'impression : 119150
ISBN : 978-2-84734-550-6
Imprimé en France